Christian-Peter Steinle
und Sandra Lechleiter

Koi

mit einem Vorwort von Dieter Jauch
und einem Beitrag von Helmut Pinter

37 Farbfotos
29 Zeichnungen

VERLAG
EUGEN
ULMER

Vorwort

Als die Stuttgarter »Wilhelma« in ihrem neueröffneten Aquarium 1967 ein Landschaftsbecken, die sogenannte »Japanlandschaft«, einem Trupp Koi als Heimat anbot, waren diese Tiere in Deutschland so gut wie unbekannt. Nur wenige Importhändler boten die farbenfrohen Fische an, und im Grunde genommen hatten sie hierzulande auch noch nichts zu suchen. Im Gegensatz zu Japan, wo Bachläufe, Teiche und Wasserbecken schon immer wichtige Bestandteile kunstvoll gestalteter und gepflegter Wassergärten gewesen sind, war das bei uns ja nicht der Fall. Und für Aquarien werden Koi eben zu groß.

In der Gegenüberstellung von Giebel, Goldfisch und Schleierschwanz einerseits und Wildkarpfen und Koi andererseits wollte die »Wilhelma« an auffallenden Beispielen zeigen, dass auch Fische domestiziert, also zum Haustier gemacht werden können. Außerdem haben wir mit den Koi Fische vor uns, die in ihrer Heimat als Glücksbringer gelten und wegen der ungeheuren Gelegegröße das Fruchtbarkeitssymbol sind. Die japanische Gartenkultur wurde durch Fische und die Fische wurden durch die Gartenkultur beeinflusst. Bei Karpfenfischen häufig auftretende Farbvarianten wurden züchterisch so gelenkt, dass schließlich plakative Fische entstanden, die vor allem in der Aufsicht – eben im Teich – am schönsten wirken. Im Gegensatz zu unseren Speisekarpfen haben Koi aber die schlanke Form und die Wendigkeit der Wildkarpfen bewahrt.

Die Koi der »Wilhelma« riefen große Begeisterung hervor, und zwar sowohl bei den Besuchern als auch bei den Mitarbeitern. Viele tausend Koi haben sie in den folgenden Jahren gezüchtet. Im warmen Wasser unseres Seerosenteichs wuchsen die kleinen Koi durch den Verzehr schädlicher Insektenlarven – als biologischer Pflanzenschutz für die Seerosenblätter – schnell heran und brachten im Spätsommer, wenn kühlere Nächte die Pracht der Nymphaeen beeinträchtigten, zusätzlich »Farbe« in das Becken. Im Herbst, beim Abfischen, zeigten uns die Jungfische mit ihrer Fülle an Farbkombinationen das »Spiel der Gene« und zugleich, warum Koi, die den Idealvorstellungen der Japaner entsprechen, sehr viel Geld kosten: Nur einige wenige wirklich gute Koi waren darunter.

Doch Koi sind mehr als »Farbschachteln«. Ein Koi, der auf einem Wettbewerb nicht »Champion« wird, ist dennoch eine ausgeprägte Fischpersönlichkeit. Koi kennen ihre Pfleger und werden zutraulich. Zu ihnen kann man – bei aller Distanz, zu der uns das Medium Wasser zwingt – eine regelrechte persönliche Beziehung aufbauen, wie nur zu wenigen anderen Fischen, etwa zu bestimmten Buntbarschen. Koi sind, wie die Wildkarpfen auch, friedfertige, stets hungrige Gesellen, was damit zusammenhängt, dass Karpfen keinen Magen haben, sich also den Bauch nicht »vollschlagen« können. Koi reagieren auf optische und akustische Reize, wie Gong- oder Glockenschläge, und kommen, wenn sie das gewöhnt sind, auf Pfiff. Das Gehör der Karpfenfische ist nämlich außerordentlich leistungsfähig, was mit den sogenannten »Weberschen Knöchelchen« zusammenhängt, die an der Schwimmblase aufgefangene Schallwellen zum Innenohr leiten. Diese anatomische Besonderheit – auch Welse verfügen darüber – hat sicher zum enormen Erfolg der Karpfenfische in der Stammesgeschichte der Fische beigetragen und hilft ihnen auch jetzt, neue Freunde zu finden. Koi erreichen ein hohes Alter, man hat ein Leben lang Freude an ihnen.

Koi haben in den letzten zehn Jahren auch in Deutschland einen ungeheuren Popularitätsschub erfahren. Immer mehr Menschen erfreuen sich an ihnen, was schließlich dazu geführt hat, dass immer schönere Koi angeboten werden. Gute Koi sind, wie gesagt, nicht »billig«! Deshalb ist die Anschaffung von Koi in aller Regel das Ergebnis einer schon längerwährenden geistigen Auseinandersetzung mit ihnen. Der hohe Preis beugt Spontankäufen, die bei keinem Tier sein dürfen, vor. Koi sind auch, was ihren Lebensraum angeht, nicht ganz anspruchslos: sauberes Wasser, recht tiefe Becken und technische Einrichtungen kosten Geld. Sie wollen ihr eigenes Reich haben, und der Naturteich mit reichhaltigem Pflanzenwuchs eignet sich für sie nur bedingt.

Wer Koi pflegen will, braucht Muße. Nur dann haben beide Seiten – Koi und Mensch – etwas voneinander. Dass diese Symbiose funktioniert, dazu können Bücher wie das vorliegende beitragen. Ich freue mich, als alter Koi-Fan, über die Verbreitung von Koi bei uns, auch wenn sie in unserem Kulturkreis Gäste sind. Selbst Fische können uns mit fremden Kulturen bekannt machen.

Prof. Dr. Dieter Jauch
Zoologisch-botanischer Garten Wilhelma, Stuttgart

Inhalt

Koi & Karpfen 5
Sehen und verstehen: Koiverhalten 10
Reden wir über Geld 16
Über Teiche 18
Wasser – die andere Umwelt der Koi 28
Kleine Filterkunde 42
Vorsicht Technik 52
Reiher 60
Koi braucht Zeit 62
Kloster-Koi 66
Was mögen Koi zum Fressen gern? 68
Was denn, nichts über Koizucht? 74
Koigesundheit 78
Wichtige Adressen 88
Literatur 90
Zeitschriften, Bildquellen 91
Register 92
Impressum 94

Die wichtigsten »Koirassen«

Hi-Asagi	15
Hana-Shusui	21
Hi-Utsuri	27
Kigoi	33
Doitsu-Orange-Ogon	37
Gin-Matsuba	41
Kohaku	45
Kushibeni-Kohaku	49
Shiro-Bekko	59
Showa	71
Tancho-Kohaku	73
Tancho-Sanke	83

Koi & Karpfen

Sie wollen Koi in Ihrem Gartenteich pflegen? Das wundert uns nicht, denn Koi sind faszinierende und farbenprächtige Fische, die eigentlich jedermann beeindrucken müssen. Aber haben Sie schon einmal darüber nachgedacht, um welche Fische es sich dabei handelt?

Koi sind Karpfen. Hinter dieser einfachen Feststellung steckt fast schon das ganze »Geheimnis« dieser beliebten und begehrten großen Fische, die scheinbar über Nacht in Mode gekommen sind und für die in Windeseile ein eigener, kaum noch zu überblickender Zubehörmarkt entstanden ist.

Ja, Koi sind zuallererst Karpfen. Nicht mehr, aber eben auch nicht weniger. Und was ein Karpfen ist, weiß beinahe jeder Mensch. Selbst Großstadtbewohner haben Karpfen schon in den Teichen öffentlicher Anlagen, in zoologischen Gärten, in Schauaquarien oder ganz sicher in den Lebensmittelabteilungen großer Warenhäuser gesehen. Hauptsächlich vor Weihnachten werden sie dort in Hälterungsaquarien feilgeboten. Überwiegend handelt es sich dabei um sogenannte Spiegelkarpfen, eine weitgehend schuppenfreie und damit für Köchinnen und Köche verarbeitungsfreundliche Variante.

Karpfen sind aber auch über ihre kulinarischen Eigenschaften hinaus hochinteressante Wirbeltiere und der menschlichen Kulturgeschichte seit vielen tausend Jahren verbunden.

Wildkarpfen, vollständig beschuppt, beflosst und wohlproportiniert, entsprechen geradezu dem Idealbild eines Süßwasserfischs.

Ein Erfolgsmodell der Evolution

Eine sehr große und wenig einheitliche Ordnung von Fischen, die nach dem bekannten Karpfen (Ordnung Cypriniformes: Karpfenfischartige) benannt wurde, stellt heute die wohl arten- und formenreichste Gruppe aller Süßwasserfische der Erde dar. Ichthyologen – Biologen, die sich überwiegend oder ausschließlich mit Fischen beschäftigen – schätzen, dass von den rund 50000 bekannten und noch nicht entdeckten Fischarten etwa 12 bis 15 Prozent zur Familie der Karpfenfische (Cyprinidae) zählen.

Das weist die Karpfenfische als ein gut funktionierendes evolutionsbiologisches Erfolgsmodell aus. Tatsächlich haben sie sich fast das gesamte Nordamerika, mit Ausnahme der Wüstenregionen auch Afrika, und – bis an den Rand des nördlichen Polarkreises – flächendeckend Europa und Asien als Lebensraum erschlossen. Lediglich Australien sowie Mittel- und Südamerika sind karpfenfischfrei.

Karpfenfische leben in kalten, sauerstoffreichen Gebirgsbächen und in trüben, langsam fließenden Strömen. Sie besiedeln kristallklare Seen mit üppiger Vegetation, saure und lebensfeindliche Regenwaldflüsse, annähernd sauerstofffreie Tümpel, postkartentaugliche Teiche, Kulturland (Reisfelder, Kanäle) und sogar temporäre Gewässer, wie überschwemmte Wiesen und Auen.

Überwiegend sind Karpfenfische sogenannte Freilaicher, die ihre Geschlechtsprodukte nach heftigem Treiben und Balzen zwischen den Wasserpflanzen oder über dem Gewässergrund abgeben und sich dort selbst überlassen. Bitterlinge (*Rhodeus* sp.) betreiben aber eine indirekte Brutpflege, indem die Weibchen ihren Laich in die Atemöffnungen von Muscheln legen, wo er ständig von frischem Wasser umspült wird und vor Fressfeinden geschützt ist.

Ein anderer kleiner Karpfenfisch mit dem eigenartigen Namen »Moderlieschen« (*Leucaspius delineatus*) legt seine Eier an Wasserpflanzenstengel, wo sie bis zum Schlupf der Larven vom Männchen bewacht und befächelt werden.

Darüber hinaus sind die zahlreichen Karpfenfischarten sowohl unscheinbar als auch farbenprächtig, besonders stattlich oder winzig: einige Arten der Tropen gehören zu den kleinsten bekannten Wirbeltierarten – männliche *Rasbora micros* aus Thailand messen von der Schnauzen- bis zur Schwanzflossenspitze gerade einmal einen Zentimeter – und in den großen Strömen Indiens leben über zwei Meter lange, beeindruckende Vertreter der Gattung *Tor*.

Bei der Zuchtform **Spiegelkarpfen**, geht es vor allem um die Küchentauglichkeit: wenige Schuppen und große, tellergerechte Filets.

Mit Ausnahme der Doitsu-Formen ist bei den meisten Koi die schlanke Körperform des Wildkarpfens erhalten geblieben.

Die markante Schuppenanordnung des sogenannten **Zeilenkarpfens** prägt auch das Erscheinungsbild einiger **Doitsu**-Formen von Koi.

Was hat das alles mit Koi zu tun?

Wir erzählen Ihnen darum so viel über Karpfenfische, um verständlich zu machen, warum der Karpfen zum allerersten Haustierfisch des Menschen und schließlich zum Koi werden konnte. Karpfenfische sind nämlich im Gegensatz zu vielen anderen Tieren überwiegend unspezialisiert. Ob besonders klein oder besonders groß, von schlichter Farbe oder auffallend bunt, Karpfenfische sehen überwiegend genauso aus, wie man sich einen Fisch gemeinhin vorstellt. An ihrem »idealen« Fischkörper sitzen die wohlproportionierten Flossen (je eine Rücken- und Afterflosse, eine zweizipfelig auslaufende Schwanzflosse sowie jeweils ein Paar Brust- und Bauchflossen) genau an den »dafür vorgesehenen« Stellen. Außer am Kopf ist ihr Körper meistens von markanten Schuppen bedeckt. Manche Arten haben an den fleischigen Lippen zwei, vier oder mehr Barteln, andere kommen ohne diese der Geschmacksaufnahme dienenden Fortsätze aus.

Unser Karpfen (wissenschaftlicher Name: *Cyprinus carpio*) trägt zwei verschieden lange und verschieden dicke Bartelpaare auf der Oberlippe. In seinem Rachen stehen drei Reihen

Im geschlossenen Zustand ist der komplizierte Mechanismus des mit kräftigen Barteln versehenen Karpfenmauls nicht erkennbar.

kräftige Schlundzähne, die sich ständig abnutzen und erneuern. Gegenüber den unteren Zähnen befindet sich der sogenannte »Karpfenstein«, eine Kauplatte, an der die Nahrung zermahlen wird. Dank dieser Anpassung können Karpfen praktisch alles, was in ihr Maul passt, aufschließen und verwerten. Im Gegensatz zu Nahrungsspezialisten sind sie nicht auf eine ganz bestimmte Diät festgelegt, die es nicht zu jeder Jahreszeit oder nur an bestimmten Orten gibt. Dadurch bleiben sie unabhängig, können wandern und sich innerhalb eines relativ weiten Rahmens ausbreiten. Ihre Fähigkeit, unterschiedliche Wasserbedingungen zumindest zeitweise zu ertragen, unterstützt sie dabei.

Der Karpfen ist also ein »Vielkönner«, und das hat sich der Mensch zunutze gemacht: Karpfen sind die allerersten Fische überhaupt gewesen, die von Menschen als Lebensmittel und bald auch zur Zierde gezüchtet und gemästet wurden. Das ist den Chinesen bereits vor über 3000 Jahren gelungen.

Wie kamen die Karpfen nach Ostasien?

Aber wie sind die Karpfen in das Reich der Mitte gekommen? Viele Geschichten und Spekulationen haben diese Frage auf jede nur denkbare Weise beantwortet. »Der Karpfen stammt ursprünglich aus Ostasien«, sagen die einen, »und wurde erst im beginnenden Mittelalter nach Europa eingeführt«. Andere behaupten das Gegenteil und meinen: »Natürlich stammen die Karpfen aus Zentraleuropa und haben sich von hier aus in Richtung Osten ausgebreitet«. Und eine dritte Fraktion ist der Ansicht, dass sich diese Fischart in zahlreichen Unterarten ganz Europa und Asien erschlossen hat…

Der vermeintliche »Urstamm« der Karpfen ist vom Aussterben bedroht.

Eine in sich schlüssige Lösung bietet der Biologe Balon (1995), demzufolge es einen einzigen europäischen Wildkarpfen (*Cyprinus carpio*) gibt, dessen Ursprung sich im Unterlauf der Donau befindet. Dieser »Urstamm« hat bis in unsere Tage überlebt, ist jedoch ebenso von Aussterben bedroht wie Nachbarpopulationen in den Zuflüssen zum Schwarzen Meer, Kaspischen Meer und Aralsee. Überwiegend sollen alle anderen Karpfenvorkommen in Europa vom Menschen herbeigeführt worden sein; dass sie sich in Aussehen und Größe vom »Urtyp« geringfügig unterscheiden, liegt an den in jedem Lebensraum anderen Entwicklungsmöglichkeiten.

Woher die Karpfen Ostasiens stammen, die in China bereits vor über 3000 Jahren kultiviert wurden (zum Vergleich: Europäischen

Koi erobern Europa

Wann der erste Koi nach Europa kam, läßt sich nicht mehr nachvollziehen. Es ist nicht auszuschließen, dass Kolonialbeamte außer verbürgten Gingko-, Mandelbäumen oder Goldfischen, auch einmal einen bunten Karpfen mitgebracht haben. Ein Importeur ist namentlich bekannt: Carl Duisberg, Generaldirektor der Farbenfabriken Bayer, brachte Anfang der dreißiger Jahre neben einem Teehaus, einer Rikscha und vielen Steinlaternen auch Koi von seiner Japanreise mit – den Grundstock für den heute öffentlichen »Japanischen Garten« der Bayer AG in Leverkusen. Und im Berliner Zoo-Aquarium schwammen spätestens ab 1940 »japanische Goldkarpfen oder Higoi«, die in dem sechs Meter langen Becken Nr. 9 mit »Schuppen-, Spiegel- und Lederkarpfen« gezeigt wurden.

Mönchen gelang die planmäßige Zucht ihrer bevorzugten Fastenspeise erst im etwa 13. Jahrhundert), und von denen das älteste überlieferte Fischzuchtbuch des Hofbeamten Fan-Li aus der Frühlings- und Herbstperiode (Teichfischer 1994) stammt, bleibt jedoch weiter unklar.

Meist gelten die im Vergleich zum europäischen Karpfen gestreckter und schlanker wirkenden Fische als nah verwandte Unterart von *Cyprinus carpio*. Dem widerspricht die Feststellung, dass Karpfen in China und Japan immer schon vor dem Eintreffen der ersten Europäer bekannt und verbreitet waren (Kottelat 1998). Vergleiche des Erbgutes können diese Frage womöglich klären.

Aber keine Sorge, Sie müssen nicht umdenken. Natürlich bleibt Japan das Ursprungsland der bunten Koi. Zwar stammt das Wissen über die Fischzucht ebenso wie die Wurzeln von Sprache, Schrift, Medizin, Religionen und vielen anderen kulturellen Traditionen Japans aus China, zwar haben Chinesen erheblich früher natürlich entstandene »Gelblinge« ihrer als Fruchtbarkeitssymbole geltenden Karpfen in besonderen Teichen gepflegt und gehätschelt, aber die intensive Farben- und Formenzucht ist eine japanische Erfindung.

Allerdings: Auch in Japan wurde seit etwa dem Mittelalter nur mit Farbkarpfen gezüchtet, die von den häufigen, willkürlich auftretenden »Mutationen« abstammten. Diese Fische waren überwiegend ohne Musterung gelb oder orange gefärbt. Die Farbenvielfalt und das große Interesse an Koi (dem japanischen Wort für Karpfen) entstanden erst um die Jahrhundertwende.

So weit vorgestülpt, passen auch große Brocken ins Maul oder eine ordentliche Portion Bodengrund, aus der die verwertbaren Bestandteile herausgekaut werden.

Sehen und verstehen:
Koiverhalten

Sicher ist ein Gartenteich – die angesiedelte oder eingewanderte Tier- und Pflanzenwelt ist auch im städtischen Umfeld ein kleines, durch uns geschaffenes, harmonisches Stück Natur – oder die seltenere Innenhälterung für die meisten ein »Erholungszentrum«, eine nötige Ablenkung von den Tagesgeschäften und Alltagsproblemen. Doch warum gelten vor allen anderen Teichfischarten ausgerechnet Koi als die »Könige« oder »Juwelen« des Gartenteiches?

Die Antwort liegt in ihrem besonderen Verhalten. Über alle optischen Kriterien hinaus bieten Koi uns Menschen einen Blick in das für uns verlorenes Paradies: Koi sind friedfertig, genussbetont und verhalten sich untereinander genauso wie gegenüber »ihrem« Menschen extrem sozial.

Durch ihre Vertrautheit begeistern Koi auch solche Menschen für sich, die zu Fischen eigentlich keinen Zugang finden.

Aus eigenem Antrieb, aus Neugier an dem Geschehen über der Wasseroberfläche, nehmen Koi Kontakt zu Menschen auf.

Koi sind gesellige Fische mit ausgeprägtem Sozialverhalten. Sie einzeln zu halten, ist darum Tierquälerei.

Sozialverhalten

Jeder Koifreund kann stundenlang von Beispielen gegenseitiger Hilfe unter seinen Fischen erzählen. Über Koi, die, nachdem sie aus dem Teich gesprungen waren und bereits aufgehört hatten zu atmen, wieder im Teich stundenlang von ihren befreundeten Koi »wiederbelebt« wurden. Oder von Koi, die nach einer »Einzelhaft« im Quarantäneaquarium von ihren Fischkumpanen bei der Rückkehr auf das herzlichste begrüßt wurden.

Koi sind wahrhaft gesellige Fische. Die einzelnen Alterklassen schließen sich üblicherweise zu kleineren Trupps zusammen, die in losem Verband durch das Becken ziehen und manchmal auch gemeinsam ruhen. Bei der Vergesellschaftung verschiedener Größen sollte deshalb darauf geachtet werden, dass mindestens drei, besser fünf Koi der etwa gleichen Größe zusammengesetzt werden. Dies gilt besonders für Koibrut oder kleine Koi von sechs bis zehn Zentimeter Länge, da die kleinsten Exemplare für einen ausgewachsenen Koi durchaus als »Lebendfutter« interessant sind (ohne jedoch gezielt gejagt zu werden). Welcher Jungfisch kann sich schon dem Sog eines 80 Zentimeter großen Koi entziehen, sollte er ihm unvorsichtigerweise vors Maul schwimmen?

Es gibt auch Hinweise darauf, dass die Einzelhaltung erkrankter Koi in Quarantäneaquarien ungesunden Stress herbeiführt. Die Todesrate scheint geringer zu sein, wenn man die Möglichkeit hat, zwei oder drei Fische gemeinsam im Quarantäneaquarium zu halten. Die Fürsorge der gesunden Fische für den kranken Fisch wird jeden Beobachter faszinieren, und die Chance auf seine Heilung steigt vermutlich stark an. Solchen häufigen Beobachtungen fehlt zwar die wissenschaftliche Absicherung, aber viele Erfahrungen sprechen für bessere Heilerfolge bei Vergesellschaftung. Jeder, der sich ein Quarantänebecken zulegt, sollte das hinsichtlich der Dimensionierung und Ausstattung mit Filtern beachten.

Sprechende Fische?

Leider wissen wir noch viel zu wenig über die Bedeutung akustischer Verständigung unter Koi.

Koi können mit ihren Schlundzähnen Laute erzeugen. Wissenschaftler sind durch Untersuchungen an heimischen Karpfenbeständen zu der Erkenntnis gekommen, dass auf diese Weise selbst in sehr großen Gewässern eine Verständigungsmöglichkeit ganzer Schwärme über mehrere Kilometer hinweg besteht. Wer schon einmal einen Koi zur Behandlung oder zum Anschauen aus dem Teich gefangen hat, konnte das Mahlen der Schlundzähne bestimmt hören. Koifreunde mit leichtem Schlaf und mit feinem Gehör haben dank dieser akustischen Fähigkeiten ihrer Fische auch schon nachts aus dem Teich gesprungene Koi schnell retten können. Leider ist über die Bedeutung dieser akustischen Verständigungsmöglichkeit der Koi noch viel zu wenig bekannt.

Geruchssinn und Geruchsstoffe

Wie Fische Geruch in »Bilder« umsetzen, ist für uns Menschen nur sehr schwer zu verstehen.

Eine weitere Beobachtung machen Koibesitzer mit feiner Nase: Kranke Fische riechen ganz anders. Fast kann man die Krankheit »riechen« und zwar besonders deutlich in geschlossenen Räumen, also bei der Innenhälterung. Der Geruch scheint mit einer Art von »Schreckstoff« verbunden zu sein, die Koi in besonderen Situationen absondern; er hat nichts mit dem muffigen Geruch von Wasser schlechter Qualität zu tun. Von vielen Fischarten ist bekannt, dass sie mittels Duftstoffen – chemischen Signalen – einander Warnungen zuteil werden lassen oder sich in der Laichzeit gegenseitig damit anlocken. Innerhalb von Fischgemeinschaften kann diese Fähigkeit überlebensnotwendig sein, beispielsweise bei der Warnung vor Fressfeinden.

Geruchssinn und Gehör sowie die Möglichkeit, Laute zu erzeugen sowie Druckwellen aufzufangen und in »Bilder« umzusetzen, sind im (Fisch-)Leben unter Wasser vielleicht **die Verständigungsmechanismen**. Vergessen wir nicht, dass die Ausbreitung von Schall und wasserlöslichen Substanzen in Wasser wesentlich schneller und effizienter möglich ist als an Land.

Barteln

Karpfenbarteln, die vier fadenähnlichen Fortsätze der Oberlippe, bestehen aus gut durchblutetem Bindegewebe, in dem sich zahllose »Geschmacksknospen« befinden, von denen direkte »Nervenleitungen« zur »Geschmacks-Erkennungszentrale« im verhältnismäßig kleinen Karpfengehirn führen. Barteln ermöglichen die Nahrungssuche und -kontrolle in trübem Wasser und Mulm, helfen beim Erkennen von Artgenossen und unterstützen sehr wahrscheinlich auch die Orientierung der Fische – etwa bei Laichwanderungen.

Barteln sind also regelrechte **Sinnesorgane**, deren Beschädigung oder Verlust die Wahrnehmung der Fische stört beziehungsweise beeinträchtigt. Scharfkantige oder rauhe Gegenstände oder Flächen (Kiessplit, Rauhputz, Bruchsteine), an denen die gründelnden und lutschenden Koi ihre Barteln verletzen können, haben im Teich darum nichts verloren.

Sehkräfte und Erinnerungsvermögen

Schließlich hat sicher jeder schon bemerkt, dass Koi extrem gut sehen. Sie erkennen ihre Besitzer und sind häufig gegenüber Fremden, die an den Teich herantreten, extrem scheu. Jeder Angler weiß, dass Karpfen sich auch merken können, was sie sehen. Ein einmal dem Köder entkommener Fisch – ebenso ein einmal mit dem Kescher gefangener Koi – wird sich in der Zukunft sehr viel vorsichtiger verhalten und mit der gleichen Methode schwerer zu fangen sein. In dieser Hinsicht sind Koi, verglichen mit anderen Süßwasserfischen, echte »Elefanten«: Nach einer umfangreichen Fangaktion vergeht längere Zeit, bis sie wieder handzahm werden.

Verglichen mit dem Erinnerungsvermögen anderer Süßwasserfischarten, sind Koi echte »Elefanten«.

Koi und Menschen

Die Tatsache, dass Koi ihre Besitzer erkennen und auf sie zuschwimmen, trägt natürlich stark zu einer Bindung zwischen Mensch und Fisch bei. Koi lassen sich streicheln, aus der Hand füttern oder sogar küssen. Sie nehmen also am Familienleben teil und haben daher den Stellenwert eines richtigen Haustieres.

Im Gegensatz zu anderen in Sozialverbänden lebenden Fischen unterstreicht natürlich das individuelle Aussehen eines jeden Fisches seine Einzigartigkeit. Sie spiegelt sich auch in dem sehr

Das Seitenlinienorgan

Welche Bedeutung das Seitenlinienorgan der Fische hat, ist für Menschen schwer nachvollziehbar. Am ehesten kann man seine Funktion mit der unserer Ohren vergleichen, die Schall und Außendruck wahrnehmen und der Sitz des Gleichgewichtsorganes sind.

Koi verfügen über eine vollständige Seitenlinie, die vom Hinterrand des Kiemendeckels über die Rumpfmitte bis zum Schwanzstiel verläuft. Wir erkennen sie als »Kette« deutlicher Poren. Das sehr empfindliche Organ hilft insbesondere bei der räumlichen Orientierung, denn es registriert Wasserströmungen, den Widerstand von Gegenständen, auf die der Fisch zu- oder an denen er vorbeischwimmt, und selbst sehr schwache Bewegungen der Wasseroberfläche. Versuche haben ergeben, dass Fische mit ihrer Seitenlinie nicht nur bemerken, dass etwa ein Insekt auf die Wasseroberfläche gefallen ist, sie können mit ihr sogar dessen Position punktgenau bestimmen.

---

individuellen Verhalten des einzelnen Fisches wider. Es gibt »mutige Draufgänger«, scheue Fische, verfressene Koi und eher zurückhaltende Fresser, zahllose »Charaktere« also, die meist bald eigene Namen und Geschichten haben. Manch ein »alter Hase« der Koihaltung berichtet auch von typischen Eigenschaften der verschiedenen Farbvarianten. Das eindrucksvollste Beispiel liefern hier die **Chagoi**, die sehr schnell handzahm werden oder es schon beim Kauf sind, und die bald als erste aus der Hand fressen. Meist sind sie die Vorreiter im Teich und bald ahmen alle anderen Koi ihr Verhalten nach.

Koibesitzer werden nicht müde, von den individuellen Charaktereigenschaften ihrer Fische zu erzählen.

Wie alt wird ein Koi?

Der Idealfall, dass Koi mindestens 30, eher sogar 60 bis 70 Jahre alt werden können, tritt vielleicht nicht bei jedem Fisch ein. Aber viele Koi werden über Jahrzehnte hinweg von ihren Besitzern aufgezogen, beobachtet und gehätschelt, so dass sie einen hohen Stellenwert als dauerhafte Begleiter »ihrer« Menschen erhalten.

Zweifellos führt auch diese lange Lebenserwartung dazu, daß zwischen Mensch und Koi Bindungen, ja Beziehungen entstehen, für die mit speziell diesen Fischen nicht vertraute Zeitgenossen allenfalls ein Kopfschütteln übrig haben. Lassen Sie sich davon nicht beirren.

Am **Asagi**, den es in verschiedenen Grundfarben gibt, beeindrucken besonders die dunkelblauen, mit einem hellen Saum versehenen Rückenschuppen sowie die hellblau schimmernde Kopfoberseite. Ein weiteres wichtiges Merkmal ist der – je mehr und je kräftiger desto besser – Rotanteil in allen Flossen.

Die Zeichnung zeigt einen sogenannten **Hi-Asagi**, der besonders viel Rot (= Hi) aufweist. In einer Gruppe wenig auffallender Koi stiehlt diese schillernde und schimmernde Variante allen anderen Fischen die Show.

Reden wir über Geld

Über Koi, das werden Sie bereits erlebt haben, spricht eigentlich niemand, ohne dass die Rede irgendwann auf Geld kommt. Meistens geht es um die atemberaubend hohen Preise, die in Japan oder in den USA für besonders prächtige Exemplare erzielt werden. Millionenbeträge sollen in manchen Prunkteichen schwimmen, sorgsam bewacht von Bewegungsmeldern und messerscharfen Dobermännern.

Auch wenn Sie selbst einige Etagen tiefer zusteigen wollen, sollten Sie zuvor die wirtschaftliche Seite der Koipflege bedenken.

Man kann es drehen und wenden, wie man will: Koi zu pflegen kostet Geld!

• Koi aus zuverlässigen Quellen – sozusagen mit »Stammbaum« – haben ihren Preis. Etwas weiter hinten in diesem Buch werden wir Sie aus gutem Grund sogar dazu auffordern, die Finger von Billigangeboten zu lassen und in Ihrem ureigensten Interesse verhältnismäßig teure Fische zu erwerben.

• Informieren Sie sich rechtzeitig über die bau- und wasserrechtlichen Bestimmungen Ihrer Stadt oder Gemeinde. Je nach dem, wie groß beziehungsweise voluminös Ihr Teich werden soll, kann eine gebührenpflichtige Genehmigung notwendig sein. Sind die Teichüberläufe, der Vortex-Filter oder die Spülkammern der Filteranlage an die Kanalisation angeschlossen, müssen die Anschlüsse beantragt und im Rohbau abgenommen werden. Außerdem fallen regelmäßige Abwassergebühren an.

• Es kann aber auch sein, dass Sie Geld sparen. Etwa wenn Sie Regenwasser aus der Dachrinne verwenden und in Tanks lagern, gewähren manche Gemeinden entsprechende Abzüge von den Abwassergebühren.

• An einem soliden Teich, sorgfältig geplant und aus hochwertigen, dauerhaften Materialien hergestellt, sollten Sie zuallerletzt sparen. Die Reparatur eines Lecks in der »günstig« erstandenen Folie (suchen Sie immer an der tiefsten und unzugänglichsten Stelle zuerst) oder die mit umfangreichen Grabarbeiten verbundene Suche nach einer undichten Stelle der Rohrleitungen kosten am Ende immer mehr als man beim Einkauf vermeintlich gespart hat.

• Selbst wenn Sie mit einer einzigen Umwälzpumpe für die Filteranlage auskommen (sicherer ist es, ein identisches Modell in

Für diesen vorbildlichen **Kohaku** muss der neue Besitzer wohl einen fünfstelligen Betrag investieren.

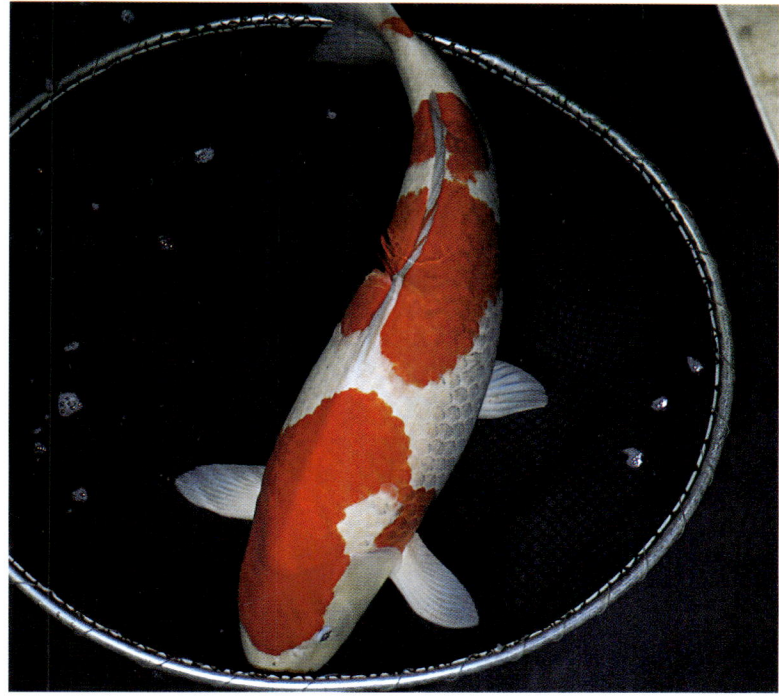

Unterschätzen Sie die laufenden Unterhaltskosten für den Koiteich nicht!

Reserve zu halten), sollten Sie an Ihre Stromrechnung denken. Teichfilterpumpen, die etwas taugen, verbrauchen relativ viel Energie und müssen rund um die Uhr in Betrieb sein.
• Wollen Sie anderes elektrisch betriebenes Zubehör verwenden, lohnt es sich durchaus, den Stromverbrauch verschiedener Fabrikate zu vergleichen. Es gibt Unterschiede!
• Den dicksten Posten der laufenden Unterhalts- und Pflegekosten macht das Wasser aus. Es genügt auch bei bester Filterung nicht, den Teich einmal zu füllen und bei Bedarf verdunstetes Wasser nachzufüllen. Eine sachkundige und sogfältige Teichfischpflege erfordert regelmäßige Teilwasserwechsel; monatlich 10 bis 20 Prozent des Teichvolumens sind ein guter Richtwert. Bei großen Teichen bedeutet das jedesmal einige Kubikmeter Frischwasser. Und wenn Sie in einer von den Segnungen der Zivilisation besonders großzügig bedachten Gegend wohnen, kann ein deutlich umfangreicherer Wasserwechsel nach starken Regenfällen nötig werden, um eingeschwemmte Trübstoffe zu entfernen und die Koikiemen gesund zu erhalten.

Alles das kostet Geld. Schon vor dem ersten Spatenstich für Ihren Koiteich müssen Sie sich im Klaren darüber sein, ob Sie es ausgeben wollen/können oder nicht.

Über Teiche

Vor den Fischen kommt der Teich. Darüber, wie man Teiche plant, baut und anlegt, gibt es jede Menge Literatur, auf die wir Sie im Literaturverzeichnis aufmerksam machen. Hier erfahren Sie, welche Materialien wir für geeignet halten, welche nicht und welche Anforderungen erfüllt sein sollten, damit Ihr Teich den Bedürfnissen der Koi entspricht.

Sehr wahrscheinlich haben Koi und Koihalter nicht die gleichen Vorstellungen über das, was einen »idealen« Koiteich ausmacht. »Ich brauche warmes, am liebsten leicht trübes Wasser«, würde der Koi fordern, »mit vielen zarten Pflänzchen, an deren Blättern ich knabbern kann. Einen fetten, weichen und tiefen Boden zum gründeln, große Steine, Wurzeln oder ein Seerosenblätterdach, um mich zu verbergen, wenn die Sonne zu sehr scheint, ein schilfbewachsenes, schlammiges Ufer für Sonnenbäder und die Vermehrung und natürlich jede Menge Artgenossen, mit denen ich wühlen, graben und umhertollen kann«. Die meisten Menschen würden so einen Tümpel gewiß nicht zum Prachtstück eines gepflegten Ziergartens küren.

Einen »idealen« Koiteich wird es ohnehin nicht geben – der bestmögliche ist ein Kompromiss zwischen den Bedürfnissen der Fische und den Wünschen ihrer Besitzer. Dabei muss man bedenken, dass es koipflegenden Menschen sehr viel leichter fällt, Abstriche von ihren Wunschvorstellungen zu machen, als den Koi, sich mit Umständen zu arrangieren, die ihr Fischleben beeinträchtigen oder sogar sehr erschweren. Natürlich können Sie den Fischen Ihren Willen »aufzwingen«. Aber erstens haben Sie dann das falsche Buch gekauft und zweitens keine Freude an Ihren Koi. Der beste Weg zum

Die ideale Wasserpflanze für den Koiteich heißt nach ihrer Blütenfarbe **Gelbe Teichrose** (*Nuphar lutea*); kein Fisch knabbert an ihren bitteren Stengeln und Blättern. Teichrosen wachsen in geräumigen Pflanzcontainern zu stattlichen Unterwasserstauden heran.

Kristallklares Wasser, der Wunschtraum jedes Koiteichbesitzers, ist ein für das Karpfenleben untypisches Milieu.

Koiteiche können gar nicht groß genug sein.

koigerechten Gartenteich ist, sich eingehend darüber zu informieren, was Koi benötigen, um unbeschwert zu wachsen, zu gedeihen und zu leben.

Einen ersten Hinweis haben Sie bereits im Kapitel »Koi & Karpfen« erhalten: Karpfen sind ursprünglich Flussfische. Ihrer Natur entspricht die weitestgehend ungehinderte Bewegungsfreiheit in großen, nährstoffreichen Gewässern. Und schon haben wir den ersten Kompromiss. Weil Koi im Teich gefüttert werden, können Sie die Forderung nach Nährstoffreichtum vernachlässigen. Aber Sie müssen den vergleichsweise enormen Platzbedarf berücksichtigen.

Wir geben Ihnen hier keine Formel nach dem Muster soundsoviel Liter Wasser pro Zentimeter oder Kilogramm Fisch zur Hand. Aber wenn Sie für jeden ausgewachsenen Koi wenigstens 5000 Liter Wasser kalkulieren, ist das noch nicht einmal großzügig bemessen. Für 5000 Liter Wasser müssen Sie, bei einer Tiefe von einem Meter, in ihrem Garten eine Fläche von zweieinhalb mal zwei Meter zur Verfügung stellen. Aus der Koiperspektive ist das nicht mehr als eine bessere »Pfütze«. Und Sie wollen ja nicht nur einen Koi pflegen, sondern drei oder fünf oder erheblich mehr. Überlegen Sie darum bereits im Vorfeld gut, ob Ihr Garten wirklich einen so großen Teich »verträgt«.

Licht und Schatten

Koi nehmen oft ein Sonnenbad direkt unter der Wasseroberfläche, ziehen sich aber bei Ruhebedarf oder wenn sie erschreckt wurden, gern in dunklere Bereiche zurück, wo sie sich sicher fühlen. Koiteiche mit kristallklarem Wasser, ohne überhängende Ufer oder dichte Schwimmpflanzendecken fehlen solche Ruhezonen, wenn Sie sie nicht schaffen. Bereits eine einzige gut gedeihende Teichrose kann zwischen Frühjahr und Herbst ein geeigneter Rückzugsbereich sein. Über steile Teichränder ragende Holzstege, der Schatten von Brücken oder anderen Gestaltungselementen erfüllen die gleiche Funktion. Es ist ganz egal, wie Sie dauerhafte Schattenzonen erreichen, Hauptsache, sie sind vorhanden.

Bitte keine Fertigteiche

Nein, Sie müssen den in Gedanken gegrabenen Teich jetzt nicht wieder zuschütten. Die Qualität des Lebensraumes für Koi ist auch von Faktoren abhängig, die in einem gewissen Rahmen Volumen ersetzen können. Aber mit der Vorstellung der 5000 Liter Wasser vor Augen werden Sie verstehen und einsehen, dass die meisten der sogenannten Fertigteiche – Bau- und Gartenmärkte bieten sie regelmäßig in verschiedenen kunstvoll geschwungenen Formen an – für eine dauerhafte und ganzjährige Koipflege nicht taugen. Sie sind meistens zu klein und (bis jetzt) immer zu flach.

Ein nicht zu unterschätzender Reiz der Koiliebhaberei liegt darin, dass die Fische groß, manchmal sogar sehr groß werden. Für ein kontinuierliches Wachstum benötigen die Fische Platz und längere Perioden, in denen das Wasser relativ warm bleibt. Weitgehend konstante Wasserverhältnisse erreicht man wiederum am besten durch Volumen, denn eine große Wassermenge braucht nicht nur länger, um sich zu erwärmen, sie kühlt auch langsamer ab.

Und Sie müssen an den Winter denken. Dass Koi in einem weniger als einen Meter tiefen Teich unter Eis überleben, ist relativ unwahrscheinlich. Eigentlich sind eineinhalb Meter die Mindesttiefe und zwei Meter (nicht im ganzen Teich, aber über wenigstens ein Drittel seiner Fläche) ideal, um das winterliche Klimarisiko auszuschalten. Bereits diese Mindestanforderungen an einen Koiteich bedienen die handelsüblichen Fertigteiche aus zumeist schwarzem GFK (glasfaserverstärkter Kunststoff/Polyester) nicht.

Vergessen Sie den Winter nicht: Nur in tiefen Teichen können Koi längere Frostperioden überstehen.

Deutlich erkennt man an diesem Koi sein Spiegelkarpfenerbe. Die großen Rücken- und Flankenschuppen sollen so dunkelblau wie möglich sein und sich von der hellblauen, silbernen, roten oder gelben Farbe der schuppenfreien Fischhaut abheben – dann heißt diese Kombination rechtmäßig **Shusui**.

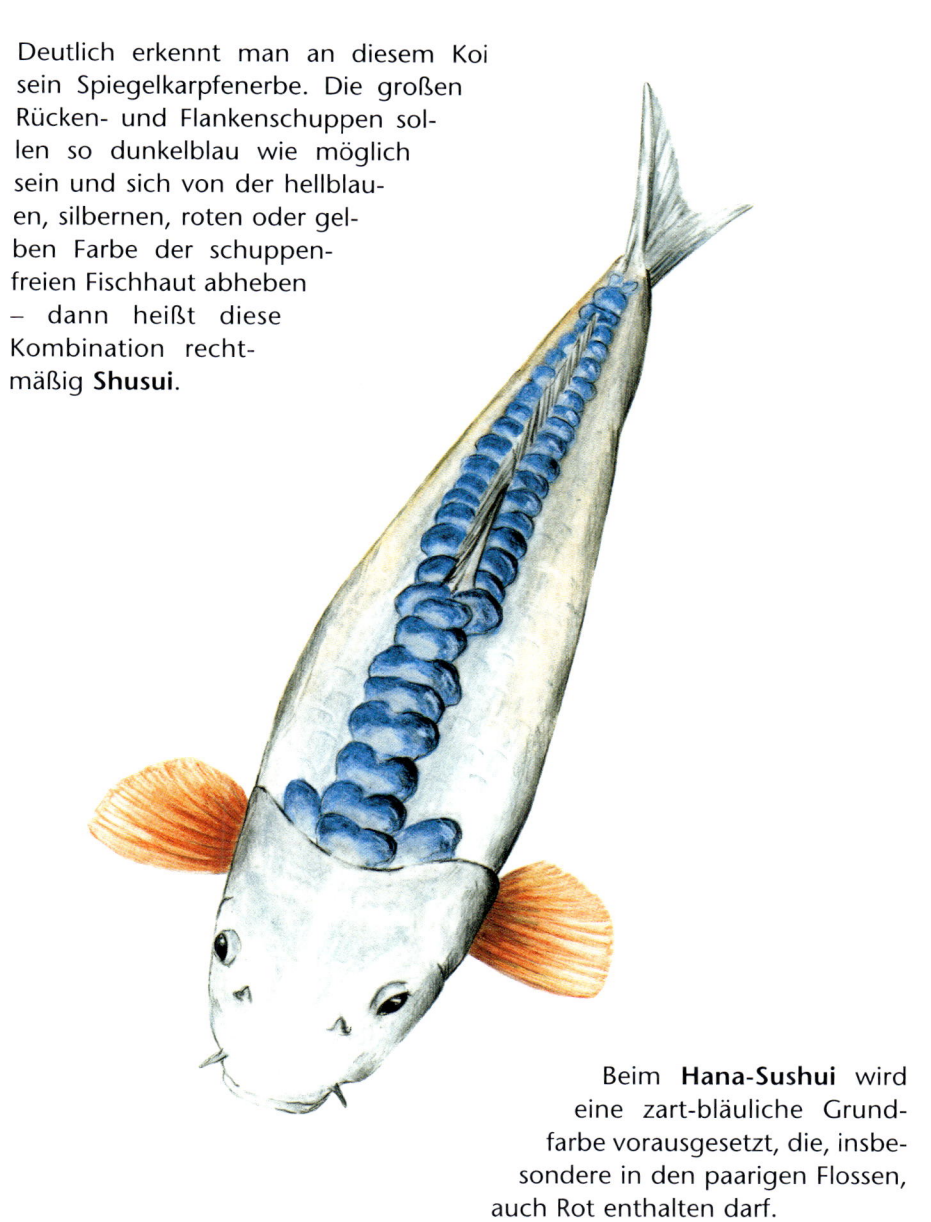

Beim **Hana-Sushui** wird eine zart-bläuliche Grundfarbe vorausgesetzt, die, insbesondere in den paarigen Flossen, auch Rot enthalten darf.

> **Standortbestimmung**
>
> Tageslicht braucht der Koiteich – er soll gleichzeitig aber nicht den ganzen Tag praller Sonne ausgesetzt sein. Idealerweise baut man den Teich so nahe es geht am Haus, etwa im Anschluss an eine Terrasse. Das erleichtert die Überwachung und führt zu regelmäßigen Begegnungen mit den Fischen. Laubbäume sollten in unmittelbarer Teichnähe fehlen. Vorsicht bei Eiben: Nicht nur die Früchte sind für Fische giftig; auf gar keinen Fall dürfen Eibenäste ins Wasser ragen.

Andere ungeeignete Baustoffe

Insbesondere in älteren beziehungsweise unbearbeitet immer wieder aufgelegten Garten- und Teichbüchern werden noch Materialien vorgeschlagen, von denen wir Ihnen abraten. »**Hydrosil**«, ein stark quellendes Tongranulat, dichtet zwar relativ gut ab, erlaubt aber nur ein geringes Gefälle. Um zumindest eine eineinhalb Meter tiefe Stelle zu erreichen, müßte ein Teich kreisrund sein und über einen Durchmesser von wenigstens zehn Metern verfügen. Außerdem können durch dieses Dichtungsmaterial keine Ab- und Zuflußrohre geführt werden.

Nahezu die gleichen Gründe sprechen gegen den Naturstoff **Ton**. Tatsächlich sehen aus Tonziegeln in nahezu beliebiger Form gestalte Teiche besonders ansprechend und natürlich aus. Ton ist darüber hinaus absolut umweltfreundlich und wasserdicht – solange nicht Karpfen oder andere stark gründelnde Fische in einem daraus gebauten Teich leben. Koi können die knapp zehn Zentimeter dicke Tonschicht der Normziegel innerhalb kürzester Zeit perforieren.

Beton klingt vertrauenserweckend nach Massivbauweise, verfügt als Teichbaumaterial aber über die meisten Nachteile. Wer nicht von strengen geometrischen Formen schwärmt, muss bereits für die in Handarbeit erstellte Schalung und Armierung ein kleines Vermögen investieren. Von sieben im Rahmen der Vorarbeiten zu diesem Buch befragten Baustofflieferanten wollte keiner garantieren, dass wasserfeste und lebensmittelechte Schutzanstriche länger als ein Jahr dicht bleiben. Ohne solche Anstriche kommt man aber nicht aus, weil Beton zum einen wasserdurchlässig ist und zum anderen wasserlösliche Bestandteile enthält, die Pflanzen und Fischen überhaupt nicht bekommen.

Beton reagiert zudem empfindlich auf Eisdruck von innen und außen. Dehnungs- und Senkrisse sowie dadurch rasch rostende

Nur stabile Materialien kommen für den Koiteichbau in Frage.

Pflanzen haben nur dann eine richtige Chance, wenn sie vor Koiverbiss bewahrt werden. Sumpf- und Uferbereiche können mit stabilen Materialien – hier mit flachen Flußkieseln – gesichert werden.

Armierungen sind praktisch die Regel. Und wenn Ihnen der Betonteich eines Tages nicht mehr gefällt? Dann stehen Ihnen Presslufthammerlärm nebst hohen Transport- und Entsorgungskosten ins Haus.

Noch eine Methode, die beste unter allen schlechten, darf nicht unerwähnt bleiben. Koiteiche samt ihrer Filteranlagen aus **leichten Baustoffen** (Gasbeton, Yton, Styropor usw.) zu mauern, war für eine kurze Zeit das Mittel der Wahl. Solche Teiche wirken erstaunlich natürlich und sind lange Zeit haltbar. Aber die Schwierigkeiten, sie dauerhaft dicht zu halten, entsprechen annähernd jenen von Beton.

Was denn dann?

Im Augenblick sind eigentlich nur zwei Materialtypen mit gutem Gewissen empfehlenswert: Teichfolien sowie an Ort und Stelle verlegter GFK.

Dass die überwiegende Zahl aller bundesdeutschen Gartenteiche mit **Folien** ausgelegt sind, hat gute Gründe. Teichfolien gibt es in jedem Baumarkt zu kaufen, und nahezu jedermann kann sie nicht mühe-, aber relativ problemlos verarbeiten. Die Verbindung mehrerer Folienbah-

> **Bodengrund – ja oder nein?**
>
> Bodengrund ist ein ausgezeichneter natürlicher Filter, sorgt in bescheidenem Maß für zusätzliches Naturfutter, die Koi können gründeln und Pflanzen sich mit ihren Wurzeln darin verankern. So positiv ist die Rolle des Bodengrundes allerdings nur dann, wenn er so gesichert wird, dass er nicht ständig in Richtung Bodenablauf rutscht und den Filterzulauf verstopft. Wollen Sie dieses Risiko vermeiden, verzichten Sie besser darauf.

nen zu einem großen Stück mittels Spezialklebstoffen gelingt sogar perfekten Nichtheimwerkern.

Mittlerweile sind alle Teichfolienfabrikate sonnenlicht- und witterungsbeständig; hierzulande übliche Temperaturveränderungen machen ihnen ebenfalls nichts (mehr) aus. Greift man zu Markenware, gibt es obendrein eine langjährige Garantie auf Dichtigkeit.

Folien haben darüber hinaus den Vorteil, dass Sie in Ihrer Entscheidung über die Teichform und -größe weitestgehend frei sind. Mit nur wenigen Falten, die der Wasserdruck später ohnehin glättet, lassen sich alle bereits beim Aushub modellierten Konturen realisieren. Klär- oder Sumpfbeete, Flach- und Tiefwasserzonen, Buchten, Inseln, Bächen nachgestaltete Zu- und Abläufe – mit dem Werkstoff Folie müssen Sie Ihrer Phantasie keine Grenzen setzen. Und für die Rohrverbindungen zwischen Teich und Filter

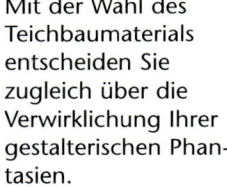

Mit der Wahl des Teichbaumaterials entscheiden Sie zugleich über die Verwirklichung Ihrer gestalterischen Phantasien.

Versuchen sie den Folienteichbau nicht im Alleingang: Für die weitgehend faltenfreie Verlegung großer Folien brauchen Sie die Hilfe vieler Hände.

gibt es genormte PVC-Fittings, die einfach und dicht mit der Folie verbunden werden können.

Beachten Sie jedoch, dass es verschiedene Folientypen gibt. Immer noch werden überwiegend **PVC-Folien** angeboten. Die Herstellung dieser vergleichsweise preiswerten Folie erfolgt in einem garantiert nicht umweltfreundlichen Verfahren; wollen Sie die Folie eines Tages entsorgen, haben Sie ein Sondermüllproblem. **PE-Folien** und die nur von wenigen Händlern angebotenen Folien aus **EPDM-Kautschuk** verfügen über alle positiven Eigenschaften des PVC und werden zudem schadstofffrei produziert. Nachteilig sind ihr deutlich höherer Preis, ihr höheres Gewicht und die Tatsache, dass man die Bahnen nicht selbst verkleben kann.

Mit der Verwendung von **GFK** (glasfaserverstärkter Kunststoff) entscheiden Sie sich zugunsten der elegantesten, stabilsten und dauerhaftesten Teichbaumethode. Wie beim Folienteich können Sie beliebige Teichgrößen und -formen ausheben. Sie werden dann mit mehreren Schichten Glasfaservlies ausgelegt, die mit einem Polyesterharz getränkt und mittels Rollendruck verdichtet und miteinander verbunden werden. Auch in dieses Material lassen sich problemlos dichte Anschlüsse für Wasserzu- und -ablauf

Warm oder kalt?

Koi können zwar niedrige Temperaturen bis zu 4 °C überleben, sind aber dennoch keine Kaltwasserfische! Der Stoffwechsel, die Verdauung, das Immunsystem und die Fortpflanzung laufen bei einem Optimum von 25 °C.

Koi, die als Importe aus frostsicheren Gewässern stammen, sollte man nicht gleich im ersten mitteleuropäischen Winter »frosten«, sie können sich aber im Laufe ihres Lebens an unseren Temperaturverlauf gewöhnen. Die alte Streitfrage der Überwinterung kann daher von uns nicht entschieden werden. Unter Berücksichtigung der wichtigen Faktoren, wie Herbstfütterung, Wassertiefe, Eisfreiheit, Wasserqualität, Teichhygiene und Ruhezonen, können Koi durchaus unsere Winter überstehen.

Gegebenenfalls wird bei sehr kalten Frühjahren oder in sehr kalten Regionen eine zusätzliche Heizung benötigt, damit die Koi wenigstens ein paar Monate optimale Temperaturen vorfinden. Die Innenhälterung mit einer Erhaltungsfütterung stellt dagegen ganz andere Anforderungen an den Koibesitzer. Sie ist bei regelmäßiger Kontrolle der Wasserwerte und Koigesundheit durchaus zu beherrschen und hat den bestechenden Vorteil, dass man seine Fische das ganze Jahr über beobachten kann.

Vorsicht beim Umgang mit Polyesterharzen und Glasfasermatten.

einbauen. Es ist sogar möglich, Isolierstoffe oder stabilisierende Gewebe zwischen die Vlieslagen zu montieren, wenn es (beispielsweise in Uferbereichen oder an Stellen, für die besonders schwere Auflagen wie Findlinge oder Brückenpfeiler vorgesehen sind) erforderlich sein sollte.

GFK-Teiche kann man ohne besonderes handwerkliches Geschick selbst erstellen. Insbesondere aufgrund der mit der Verarbeitung verbundenen Atemschutzbestimmungen und nicht auszuschließender Gesundheitsrisiken – solange das Polyesterharz trocknet, treten bedenkliche Dämpfe auf, bei Schneide- und Schleifarbeiten winzige Faserpartikel, die man nicht einatmen sollte – ist es jedoch ratsam, die Herstellung einem entsprechend ausgerüsteten Handwerker zu überlassen.

In den meisten Gartenzeitschriften bieten auf den Teichbau spezialisierte Handwerksfirmen regelmäßg ihre Dienste an. Vertrauenswürdige Adressen erhalten Sie aber auch von Koihändlern oder Gartenbauarchitekten, die oft in den gleichen Magazinen auf sich aufmerksam machen.

Unter dem unerreichbaren Ideal eines **Utsuri** hat man sich einen zweifarbigen Koi vorzustellen, dessen flächige Muster sich in der jeweils anderen Farbe widerspiegeln. Die Kombinationen Schwarz-Rot beziehungsweise Schwarz-Gelb sind besonders begehrt.

Wirklich schöne **Hi-Utsuri** mit gleichmäßigem Rot sind selten; meistens hellen die Farben an Kopf und Rücken auf.

Wasser – die andere Umwelt der Koi

In dem scheinbar lapidaren Satz »Der Fisch lebt im Wasser«, steckt der Grund für viele Sorgen des Koiliebhabers mit seinen Pfleglingen. Die Tatsache, dass Mensch und Fisch in verschiedenen Medien leben, ist nämlich ausschlaggebend für die Schwierigkeiten des Pflegers, Umweltbeeinträchtigungen an seinen Fischen rechtzeitig zu erkennen und ihnen entgegenzuwirken.

Das Leben im Wasser bedingt nicht nur andere Körperformen und eine andere Gewichtung der Sinnesorgane. Es hat vor allen Dingen auch größte Bedeutung für den Stoffwechsel: die Atmung und die Ausscheidungsvorgänge.

Sauerstoff macht nur etwa ein Fünftel der Atemluft aus. Sein Vorkommen im Wasser hingegen wird in Milligramm pro Liter Wasser (mg/l) gemessen und liegt im Koiteich stets unter 0,02 Promille. Das entspricht einem Gramm gelöstem Sauerstoff in 50 Liter Wasser. Nun braucht ein Koi zwar bei weitem nicht so viel Sauerstoff wie ein gleichschweres Säugetier. Dennoch wird klar, dass es bei dem von vornherein äußerst geringen Sauerstoffangebot sehr schnell zu Mangelsituationen kommen kann. Deshalb müssen Hilfsmittel zur Sauerstoffanreicherung vorhanden sein.

Wasser ist ein Lösungsmittel

Wasser hat die Eigenschaft, sich mit verschiedenen Stoffen – beispielsweise mit Salzen – möglichst gleichmäßig zu vermischen. Dazu durchdringt es sogar relativ dichte Barrieren, unter anderem auch die Haut und die Zellwände von Fischen. In einen Koi »sickert« laufend Wasser ein, das er wieder ausscheiden muss. Dabei gehen ihm wichtige Stoffe verloren, die er zum Ausgleich mittels spezialisierter Körperzellen wieder aus dem Umgebungswasser in den Körper »zurückpumpen« muss. Das kostet einmal Energie und führt zudem dazu, dass »aus Versehen« auch bestimmte Schadstoffe (zum Beispiel giftiges Nitrit) aktiv »herein-

Hinter dem Satz »Der Fisch lebt im Wasser« steckt mehr als nur eine Binsenweisheit.

Nicht alle Koi entsprechen den strengen Anforderungen an diesen oder jenen Standard und sind trotzdem schön anzusehen.

gepumpt« werden. Deshalb können solche Stoffe im Fischkörper selbst dann schon problematische Konzentrationen erreichen, wenn ihre im Wasser vorliegende Konzentration eigentlich ungefährlich ist.

Umgekehrt kann es dem Fisch geschehen, dass der Gehalt an Ausscheidungsstoffen oder ähnlich wirkenden Verbindungen im Wasser so groß wird, dass er seine Ausscheidungen mangels Konzentrationsgefälle nicht mehr los wird. Er vergiftet sich quasi selbst. Diese Gefahr ist um so größer, je mehr Koi in einem bestimmten Wasservolumen gehalten und gefüttert werden. Im Regelfall muss deshalb ein guter Filter eingebaut werden, weil bei den üblichen (Über-)Besatzdichten kaum ein Teich in der Lage ist, die Ausscheidungen auf dem Weg natürlicher Abbauprozesse aufzuarbeiten.

In diesem Zusammenhang sollte man sich über die Dichte des Fischbestandes in einem Koiteich im Klaren sein. Ein Kilogramm Fisch und mehr pro Kubikmeter Wasser ist keine Seltenheit. Das ist etwa das Zehnfache der Menge, die am Ende der Saison auf einen Kubikmeter eines gut geführten Karpfenproduktionsteiches kommt. Koiteiche sind also sehr intensive und daher anspruchsvolle Haltungssysteme.

Mit jedem Fisch steigt der zur Wasserpflege nötige Aufwand.

Koi sind »Kaltblüter«

Für den wechselwarmen Koi hat die Umgebungstemperatur viel größere Bedeutung als für Warmblüter. Mit der Wassertemperatur steigt und sinkt die Körpertemperatur in direkter Abhängigkeit.

> **Mess-methoden**
>
> Um sich regelmäßig über die wichtigsten Wasserparameter zu informieren, genügen die Tröpfchentests (Indikatoren) aus dem Handel vollauf. Die preiswerteren Teststäbchen sind weniger zuverlässig. Elektronische Meßgeräte zur Sauerstoff- und pH-Wert-Messung gibt es in verschiedenen Preisklassen; allerdings müssen die Elektroden laufend gewartet und geeicht werden, was die Zeitersparnis bei der Messung selbst wieder aufhebt.

Regelmäßige Messungen der Wasserwerte sind ein grundlegender Bestandteil verantwortungsvoller Koipflege.

Ebenso verändern sich alle Stoffwechselvorgänge, wie etwa der Sauerstoff- und Nahrungsbedarf oder die Aktivität des Abwehrsystems gegen Krankheiterreger.

Das notwendige Wissen um die andere Umwelt der Koi kann man sich aneignen. Nicht erlernen kann man dagegen – von der Temperatur abgesehen – die Ermittlung der Veränderungen der für das Wohlbefinden der Koi bedeutsamen Wasserwerte mit den eigenen Sinnesorganen. Deshalb werden sie auch in des Wortes wahrstem Sinne leider so häufig »übersehen«.

Die Umwelt der Koi erschließt sich uns nur durch Messungen mit geeigneten Hilfsmitteln und durch die Beurteilung dieser Werte anhand gesammelten Wissens. Deshalb ist scharfes Beobachten und regelmäßiges Messen eine unverzichtbare Grundlage für die Pflege von Koi.

Wasser wann warum messen?

Die Umwelt der Teichfische ist also in erster Linie durch die Messung von Wasserwerten zugänglich und beurteilbar. Regelmäßiges Messen und die Dokumentation der Werte helfen, den Ablauf des Jahres und die damit verbunden Schwankungen und Probleme zu erkennen. Werden Koi krank, ist häufig eine stärkere Veränderung der wesentlichen Wasserwerte aufgetreten. Verstopfte Filter, ausgefallene Pumpen oder zu starke Fütterung durch eine wohlmeinende Urlaubsvertretung sind an den Messwerten ebenso abzulesen wie Nachlässigkeiten beim Wasserwechsel oder ein Überbesatz an Fischen.

Jeder, der die Ursachen für kranke Fische finden will, braucht daher Aufzeichnungen über die Wasserwerte mit zugehörigem Datum und Uhrzeit. Für jeden Anfänger ist es wichtig, Messungen zu verschiedenen Tageszeiten (zum Beispiel um 6 Uhr, 12 Uhr und

Protokolle der Messwerte können kleine und große Katastrophen verhindern.

18 Uhr) vorzunehmen. Daraus entsteht Verständnis für die Vorgänge im Teich und die Stressfaktoren, die auf die Fische einwirken. Mehrmaliges Messen pro Tag ist ganz besonders bei frisch eingerichteten Teichen angesagt, damit das »Sich-Einspielen« des Systems (das »Einfahren«) überwacht wird und – wenn nötig – Gegenmaßnahmen getroffen werden können.

Natürlich kann man zu größeren Messabständen übergehen, wenn man sieht, dass sich konstant günstige Werte eingestellt haben. Bei starkem Wechsel der Außentemperataturen, nach Regenfällen oder während langer Hitzeperioden können Änderungen der Werte auftreten, die dokumentiert werden sollen. So lassen sich längerfristig äußere Einwirkungen von intern verursachten Schwankungen unterscheiden.

Was bedeuten die Messwerte?

Die Temperatur

Als wechselwarme Tiere stehen Koi in einer engen Abhängigkeit von der Temperatur des Teichwassers. Ihre relativ hohe Vorzugstemperatur liegt zwischen 22 und 28 °C. In diesem Temperaturbereich laufen die Lebensvorgänge des Organismus am besten (so »richtig schön rund«), das Immunsystem ist hochaktiv, das Wachstum optimal und auch die Vermehrungsvorgänge mit der Laichbildung und -abgabe funktionieren störungsfrei. Die Koi sind also – wenn auch Umwelt und Ernährung stimmen – in bester Kondition und gegen viele Krankheiten gefeit.

Temperaturschwankungen sind für jeden Koi eine besondere Belastung.

Die Einwinterung und das Aushalten von niedrigen Temperaturen (um die 4 °C) sind nach einem guten Sommer mit geeigneter Futterqualität kein Problem. Eine besondere Belastung für den Fischorganismus stellen jedoch abrupte Temperaturschwankungen dar: die Erwärmung im Frühjahr und die Abkühlung im Herbst mit den oft starken Temperaturdifferenzen zwischen Tag und Nacht. Daher treten viele Erkrankungen in diesen Jahreszeiten auf.

Nicht nur der Fischstoffwechsel reagiert auf Schwankungen der Wassertemperatur; auch die Vorgänge im Filter und im Teich sind temperaturabhängig. Sogar die Giftwirkung bestimmter chemischer Verbindungen, wie etwa Ammoniak, oder von Medikamenten verändert sich mit der Temperatur. Aus diesen Gründen ist eine laufende Aufzeichnung der Wassertemperatur eine unverzichtbare Basis für das Verständnis der Vorgänge im Teich und im Filter.

Gesunde und widerstandsfähige Koi wie diese sind das Ergebnis sorgfältiger Wasserpflege.

Der Sauerstoff

Sauerstoff wird vom Fisch zur Atmung sowie zur Verdauung der Nahrung und von den Filterbakterien zur Umwandlung von Ammoniak in Nitrit und weiter in Nitrat (Nitrifikation) benötigt. Jede Verringerung des Sauerstoffgehaltes unter den Optimalwert führt daher nicht nur zu Atem- und Verdauungsproblemen bei den Fischen, sondern auch zu einer eingeschränkten Tätigkeit der Filterbakterien. Die Folge ist eine Verschlechterung der Filterleistung mit allen Konsequenzen.

Die größten Sauerstoffschwankungen werden durch die Pflanzen (inklusive Algen) verursacht. Tagsüber übersteigt die Produktion den Verbrauch, nachts wird nur Sauerstoff verbraucht. In »grünen« Teichen können tagsüber deshalb über 100 Prozent Sauerstoffsättigung gemessen werden, die höchsten Werte am Spätnachmittag.

Die Löslichkeit von Sauerstoff ist in warmem Wasser geringer als in kaltem. Daher ist die Sauerstoffproduktion durch Teichpflanzen in der heißen Jahreszeit eigentlich willkommen: Sie verbessert das Sauerstoffangebot für die Fische. Probleme für die Koi können jedoch auftreten, wenn es durch hohe Pflanzenbestände oder Algenmengen zu drastischen Tag-/Nachtschwankungen kommt.

Im Herbst können fallendes Laub oder, bei starken Regenfällen, Erdeinschwemmungen durch organische Zersetzungsprozesse (»Fäulnis«) eine Sauerstoffzehrung im Wasser bewirken. Schwan-

Praktisch alle ein- oder mehrfarbigen Koi, deren komplette oder teilweise Beschuppung zwar satte Farben, aber keinen metallischen Glanz zeigt und die in keinen anderen Standard passen, werden in der sogenannten **Kawarimono-Gruppe** zusammengefasst.

Unter den Kawarimono ist der komplett zitronengelbe **Kigoi** ein Klassiker. Wer diese Fische besitzt, sagt ihnen sprichwörtliche Ruhe und besonders weiche, harmonische Schwimmbewegungen nach.

Die Löslichkeit von Sauerstoff in Wasser ist von der Temperatur abhängig: Je wärmer das Wasser, desto weniger Sauerstoff löst sich darin.

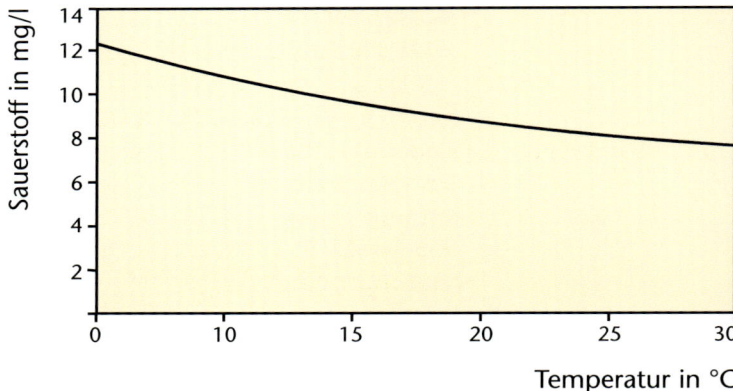

kungen der Sauerstoffwerte treten insbesondere auch durch und nach der Fütterung auf. Die Aktivität der Koi führt zu einem höheren Verbrauch, und die Verdauung an sich benötigt zusätzlich noch wesentlich mehr Sauerstoff. Das kann dazu führen, dass bei Sauerstoffmangel im Wasser das Futter nur unvollständig verdaut wird. Die Ausscheidung der unverdauten Reste kann dann hohe Gesamtammonium- oder Nitritwerte verursachen und, über die anderen Belastungen hinaus, auch Kiemenschäden zur Folge haben.

Sinkt der Sauerstoffgehalt des Wassers stark ab, kann außerdem durch bakterielle Tätigkeit aus den schon zu dem relativ ungiftigen Nitrat umgewandelten Eiweißresten, wieder giftiges Nitrit entstehen.

Der pH-Wert

Starke Schwankungen des pH-Wertes sind zu vermeiden.

Der pH-Wert ist ein Maß dafür, ob das Wasser saure oder alkalische (laugenartige) Eigenschaften besitzt. Für Koi ist es am besten, wenn Ausgewogenheit besteht und das Wasser neutral reagiert. Das ist bei einem pH-Wert von 7 der Fall.

Ähnlich wie die Sauerstoffwerte schwanken die pH-Werte im Tageslauf infolge der pflanzlichen Aktivität. Zum Aufbau von pflanzlichem Material werden Kohlenstoffverbindungen verbraucht; das führt zum Entzug des wichtigsten pH-Puffers im Wasser, der Kohlensäure. Ohne diesen »Stabilisator« steigt der pH-Wert in Laufe des Tages an, manchmal auf Werte über 9,0. Koi können zwar solche pH-Werte verkraften, aber stets nur dann, wenn sie langsam entstanden und über längere Zeit konstant sind, so dass die Abläufe im Körper darauf eingestellt werden können. Schwankungen von Tag auf Nacht mit pH-Wert-Sprüngen über mehrere Stufen sind auf die Dauer massivster Stress für Koi –

und somit Krankheitsauslöser. Insbesondere deshalb, weil extreme pH-Werte häufig zur Schädigung der Kiemen führen.

Die Giftigkeit der Stoffwechselprodukte Ammonium/Ammoniak und vieler anderer Stoffe ist vom pH-Wert abhängig. Ammoniak ist dabei die für die Fische giftige Form. Wie aus der Tabelle auf Seite 36 zu erkennen ist, liegt bei pH 8,0 bereits ein Teil des Ammoniums als giftiger Ammoniak vor, der bei steigendem pH-Wert weiter stark zunimmt. Die Schädlichkeit dieser Stickstoffverbindungen kann daher nur in der Kombination mit dem pH-Wert beurteilt werden.

Auch die Giftigkeit von Schwermetallverbindungen ist in besonderem Maß vom pH-Wert abhängig. So ist zum Beispiel Kupfer aus Rohrleitungen bei pH-Werten unter 6,0 extrem giftig für Koi, über pH 7,0 jedoch kein Problem.

Der pH-Wert ist also nicht nur durch seine Säuren- oder Laugenwirkung an sich von Bedeutung, sondern auch ganz besonders durch seinen Einfluss auf andere Stoffe im Wasser.

Der Gesamtammoniumgehalt

Der Gesamtammoniumgehalt setzt sich aus Stickstoffverbindungen zusammen, die als Endprodukte des Stoffwechsels hauptsächlich über die Kiemen der Fische ins Wasser gelangen. Eine andere Quelle können im Wasser faulendes Futter oder auch Tierleichen sein, wie massenhaft abgestorbene Kleinstlebewesen. Ein großer Teil der Filterbakterien lebt von Ammoniumverbindungen, die sie

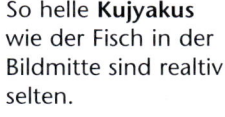

So helle **Kujyakus** wie der Fisch in der Bildmitte sind realtiv selten.

Die Ammoniakkonzentration, die hier bei 20 °C in Prozent des Gesamtammoniumgehaltes angegeben ist, steigt mit dem pH-Wert deutlich an.

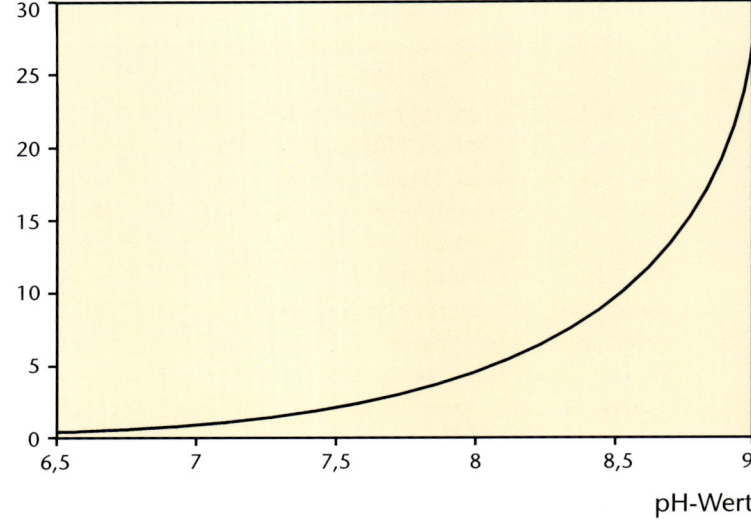

zu **Nitrit** »verdauen«. Dieser Prozess ist sauerstoffabhängig. Sowohl Ammoniak als auch Nitrit im Übermaß, hemmen die bakterielle Tätigkeit. Das ist der Grund, warum die Bakterienflora in Filtersystemen in kürzester Zeit kollabieren kann und dann sehr schnell fischgiftige Konzentrationen von Ammoniak und Nitrit entstehen. Ein andere Sorte von Bakterien wandelt Nitrit in Nitrat um, wobei ebenfalls Sauerstoff verbraucht wird.

Ammoniak und Ammoniumionen (= Gesamtammonium) stehen in einem vom pH-Wert abhängigen Verhältnis zueinander. Wie in der Graphik oben zu sehen ist, entstehen ab pH-Werten von etwa 8,0 sehr schnell immer höhere Ammoniakanteile, und der Anteil des ungiftigen Ammoniums sinkt. Bei hohen pH-Werten sind deshalb schon relativ geringe Konzentrationen an Gesamtammonium gefährlich. Höhere Wassertemperaturen verschieben das Verhältnis noch stärker in den giftigen Bereich.

Die Erhöhung des pH-Wertes kann bei gleicher Wasserbelastung zu einer plötzlichen Ammoniakvergiftung der Fische führen.

Ammoniak ist ein sehr starkes Zellgift, das direkt am Ort der Ausscheidung, an den Kiemen, zu erheblichen Schäden führen kann. Doch auch der übrige Fischorganismus wird durch hohe Ammoniakwerte geschädigt, weil er seine Stoffwechsel-Endprodukte nicht mehr ausreichend ausscheiden kann. Daher muss stets angestrebt werden, dass der Gesamtammoniumwert im nicht messbaren Bereich liegt.

Ammoniakschäden geringerer Schwere können zwar zunächst unbemerkt bleiben, aber dennoch sehr lange Zeit nachwirken. Zunächst hören die Koi einfach auf zu fressen, um ihre Kiemen als

Mit Ausnahme der **Shusui** heißen alle auf im letzten Jahrhundert von Deutschland nach Japan exportierte Spiegel- und Zeilenkarpfen zurückgehenden Koi **Doitsu**. Tatsächlich sehen sie hinsichtlich der Beschuppung wie bunte Speisekarpfen aus, verfügen jedoch eher über die schlanke Körperform des Wildkarpfens.

Erscheinen Doitsu besonders hochrückig und fleischig, so stammen sie ziemlich sicher nicht aus Japan. Unter den vielen Variationsmöglichkeiten ist der **Doitsu-Orange-Ogon** eine der auffälligsten.

Nitrit ist sehr giftig, aber auch vermeidbar.

Ausscheidungsorgan zu entlasten. Wirken über längere Zeit höhere Ammoniakkonzentrationen ein, sterben die Kiemenblättchen ab. Das führt schleichend zu immer massiveren Kiemenschäden, die bald ein unheilbares Ausmaß erreichen. Die Folge sind Störungen im Sauerstoff- und Kohlendioxidstoffwechsel, die sich sehr negativ auf alle Lebensvorgänge und die Gesundheit der Koi auswirken und letztlich den Tod verursachen können.

Das Gift Nitrit

Nitrit entsteht aus Ammoniak und Sauerstoff infolge der Tätigkeit der Bakterien vor allem im Filter, aber auch im gesamten Teich. Nitrit ist sehr giftig. Es beeinflusst den Sauerstoffträger des Blutes, das Hämoglobin, und stört so den Sauerstofftransport. Die Koi sterben schließlich an einem inneren Sauerstoffmangel; sie ersticken selbst bei einem ansonsten günstigen Sauerstoffgehalt des Wassers.

Nitrit ist im Meerwasser oder in aufgesalzenem Wasser vergleichsweise ungiftiger. Deshalb wird beim Transport und bei hohen Besatzdichten häufig mit hohen Salzkonzentrationen gearbeitet.

Der Nitritwert muss dauerhaft unter 0,1 mg/l liegen. Steigt er über 0,15 mg/l an, muss sofort etwa ein Drittel des Wassers ausgetauscht werden, da die Filterbakterien bedroht sind. Daneben kann das Teichwasser bis zu einer Konzentration von 0,3 Prozent (3 kg/1000 l) mit jodfreiem Salz versetzt werden, um die Fischgiftigkeit zu senken. Diese Maßnahme ist jedoch keine Alternative zu einem Wasserwechsel, sondern nur eine mögliche Ergänzung beziehungsweise eine schnelle Überbrückungshilfe.

Ursachen für zu hohe Nitritwerte sind häufig unzureichend eingelaufene Filter. Beim Einlaufen entstehen zunächst Phasen, in denen relativ hohe Ammoniakkonzentrationen und später relativ hohe Nitritkonzentrationen auftreten. Sobald sich die ausreichende Menge an Filterbakterien gebildet hat, treten solche Störungen nicht mehr auf, sofern der für die Filterbakterien (und für die Fische) günstige pH-Bereich zwischen 6 und 8 eingehalten wird. Dieser biologische Prozeß benötigt auch im Zeitalter der Wasseraufbereiter und Filterimpfung Zeit und Geduld. Er sollte daher nicht durch hohe Fischbesatzdichten, starke Fütterung, schlechte Sauerstoffwerte oder Teichbehandlungen mit antibakteriellen Präparaten (Antibiotika!) in Gefahr gebracht werden.

> **Vorsicht Gift!**
>
> Natürlich verzichten Sie in der mittelbaren Umgebung von Teich und Filter auf die Verwendung von sogenannten »Pflanzenschutzmitteln« und verwenden für Uferpflanzen auch keine Kunst- oder andere Düngemittel. Außerdem sollte keine der zahlreichen schönen und beliebten Zierpflanzen mit giftigen Früchten oder Trieben am Teichrand wachsen.
> Haustierbesitzer aufgepasst: Die in Katzen- und Hundeflohhalsbändern enthaltenen Wirkstoffe sind fischgiftig.

Gutes Pflanzenwachstum, auch in der Uferzone oder in Filterbecken, hilft, den Nitratgehalt nicht in kritische Bereiche ansteigen zu lassen.

Nitrat

Nitrat ist ein Endprodukt des Eiweißabbaus. Daher ist der Nitratwert geeignet, die Zeitabstände zwischen den erforderlichen Wasserwechseln im Teich zu bestimmen. Er zeigt sozusagen an, wann die Aufnahmekapazität des Wassers erschöpft ist.

Da es sich um ein relativ ungiftiges Endprodukt der bakteriellen Filtertätigkeit handelt, können im Teich Nitratwerte um die 100 mg/l toleriert werden. Häufig gelangt bereits eine nennenswerte Menge Nitrat mit dem Leitungswasser in den Teich: In manchen Gegenden liegt der Nitratwert bei 50 mg/l und damit an der oberen für Trinkwasser zugelassenen Grenze. Für Karpfen sind Werte bis 800 mg/l relativ unschädlich, sofern sie nicht plötzlich von nitratarmem in stark belastetes Wasser gesetzt werden. Für Jungtiere sind höhere Nitratwerte jedoch schädlicher als für erwachsene Fische.

Nitrat ist ein Pflanzendünger und wird dem Teichwasser durch Pflanzenwachstum entzogen. Eine häufige Entnahme von Algen und Pflanzen trägt dazu bei, dem Teich überschüssige Nährstoffe zu entziehen. Ebenso helfen regelmäßige Wasserwechsel, den Nitratwert niedrig zu halten. Vorsicht ist jedoch bei Brunnen- oder Grundwasser geboten, da es oft relativ viel Nitrat enthält.

Gefährlich kann Nitrat vor allem dann wirken, wenn es infolge seiner düngenden Wirkung zu »Algenblüten« oder übermäßigem Wachstum von Fadenalgen kommt und deren Stoffwechsel andere Wasserwerte (vor allem pH-Wert und Sauerstoff) im Tages- und Nachtlauf stark schwanken lässt. Das bedeutet für die Fische erheblichen Anpassungsstress, ist häufig der Anlass von Fischkrankheiten und kann weitere Schädigungen hervorrufen.

Es gibt Hinweise auf weitere ungünstige Auswirkungen hoher Nitratwerte auf andere Wasserwerte. Deshalb ist ein (Teil-)Wasserwechsel sinnvoll, wenn mehr als 150 mg/l Nitrat im Teich auftreten.

> **Wasserwechsel, wie geht das?**
>
> Der vollständige Abbau der Endprodukte aus dem Koi-Stoffwechsel kann nur bei gut durchdachten Filteranlagen im Vollkreislauf (in sogenannten Kreislaufanlagen) erreicht werden. Im Teich beziehungsweise in einer Beckenanlage lässt sich die Wasserqualität jedoch auch mit geringerem technischen Aufwand und mit kleineren Filteranlagen erreichen, wenn regelmäßig ein Teil des Wassers ausgetauscht wird.
>
> In Abhängigkeit von der Fütterung können wöchentlich 20 bis 40 Prozent des Anlagenwassers durch geeignetes Frischwasser ersetzt werden. Es kommt so zu einer stetigen Verdünnung der anfallenden Schadstoffe, und der biologische Filter dient nur der Verbesserung der Wasserqualität. Auch bei dieser Verfahrensweise müssen zu rasche und markante Schwankungen von Temperatur und pH-Wert vermieden werden, um den Fischen unnötigen Stress zu ersparen.

Gesamthärte und Karbonathärte

Diese Werte liefern Informationen über den Gehalt des Wassers an gelöstem Kalk und ähnlichen Stoffen und sind ein Anzeiger dafür, wie gut ein Teichwasser gegenüber bestimmten chemischen Veränderungen gepuffert ist. Die Gesamthärte und die Karbonathärte gehören nicht zu den Werten, die laufend überprüft werden müssen. Sie sollten dennoch in gewissen Abständen überwacht werden, da die Härtebildner im Laufe der Zeit von den Filterbakterien und den Teichpflanzen »verbraucht« werden, weshalb insbesondere bei zusätzlichem Eintrag von Laub eine Versauerung des Teichwassers eintreten kann. In diesem Fall sollte an eine Teichkalkung gedacht werden. Der Umgang mit Kalk ist nicht ohne Risiko, denn man muß wissen, welche Menge an Härtebildnern in welcher Konzentration dem Teichwasser zugesetzt werden muß, um den gewünschten Effekt zu erreichen. Ergibt sich bei ihrem Teich die Notwendigkeit dazu, informieren Sie sich vorab, beispielsweise bei einer der im Anhang aufgeführten Adressen.

Sehr hartes Wasser (Gesamthärten ab 20 °dGH) verursacht aufgrund des meist damit verbunden hohen pH-Wertes häufig Probleme mit der Eiweißausscheidung an den Kiemen und mit starkem Algenwachstum (hohe Karbonathärte). Optimale Werte liegen daher unter 15 °dGH. Nicht vergessen sollte man, dass die Koi in Japan in weichem Wasser (geringe Härte) aufgezogen und gehältert werden. Die Anpassung an hohe Härtegrade benötigt etwas Zeit.

Sehr hartes Wasser beeinträchtigt die Stoffwechselfunktionen der Koi.

Jetzt wird es edel und exklusiv, denn Koi wie diesen bekommt man nur sehr selten zu Gesicht. Er gehört in die Gruppe einfarbiger und glänzender Standards, die man in Japan **Hikari-Muji** nennt. Die bekanntesten Vertreter sind die **Ogon** (manchmal auch Oogon), von denen es aufgrund der großen Nachfrage kaum noch qualitativ gute Jungfische zu kaufen gibt.

Gin-Matsuba glänzen makellos silbrig. Jede Schuppe ist dunkel-anthrazit gefärbt und von einem deutlichen Saum in der Grundfarbe eingefaßt. Preisrichter achten besonders darauf, ob der Gesamteindruck eines »Pinienzapfens« erreicht wird oder nicht.

Kleine Filterkunde

Wenn Sie bereits mit erfahrenen Koibesitzern gesprochen haben, ist Ihnen sicher aufgefallen, dass sie mindestens ebenso begeistert und ausdauernd über Filtertechniken reden wie über ihre Fische. Dafür gibt es allerbeste Gründe, denn die ganze Koipflege steht und fällt mit der Wasserqualität, und die ist ganz wesentlich von der bestmöglichen Filterung abhängig.

Hinter dem Begriff Filterung verbirgt sich erheblich mehr als die Entfernung von sichtbarem Schmutz aus dem Teichwasser. Der Koiteichfilter ist nicht nur ein »Sieb«, sondern eine richtige kleine Kläranlage, die für ein Koileben ohne gravierende Umweltbeeinträchtigungen rund um die Uhr gleich gut funktionieren muss. Um diesen Zweck erfüllen zu können, ist die Größe, das Volumen des Filters weniger wichtig als seine ständige Betriebsbereitschaft, deren Kontrolle in Ihren Händen liegt. Und ob alles so ist, wie es sein soll, können Sie nur dann beurteilen, wenn Sie wissen, was in einem Filter überhaupt passiert.

Grob-, Fein- und biologisch-chemischer Filter, Abschäumung, Aktivkohlefilterung und UV-Licht – braucht man das wirklich alles? Oder ist der ständige geballte Einsatz aller Möglichkeiten des Guten zuviel?

Vier Grundfunktionen

Prinzipiell hat der Teichfilter vier Aufgaben zu erfüllen. Seine erste Arbeit besteht in der **mechanischen Reinigung** des Wassers von Schwebstoffen und groben Schmutzpartikeln. Gesunde Koi gründeln ständig und wirbeln dabei auf den Teichboden gefallene Futterreste, ihren eigenen Kot oder andere wie auch immer in den Teich geratene Stoffe (Blätter, Erde, Staub) auf. Unter biologischer, richtiger **biologisch-chemischer Filterung** versteht man den Abbau (unsichtbarer) organischer Verunreinigungen, wie sie ständig durch Futtereintrag und den Stoffwechsel der Fische anfallen. In »eingefahrenen«, gut mit Sauerstoff versorgten Filtern siedeln sich Bakterien an, die diese Aufgabe übernehmen, indem sie schädliches Ammonium zu dem wenig belastenden Nitrat

Mit schnellwachsenden Gräsern und Stauden bewachsene Sumpf- und Uferzonen sind, über den schönen Anblick hinaus, zusätzliche Filter mit erstaunlich hohem Wirkungsgrad.

»verdauen«. Darüber hinaus sorgt der Filter gleichzeitig für die **Umwälzung des Teichwassers** und erzeugt dadurch im Teichwasser eine je nach Pumpenleistung verschieden starke Strömung. Diese Strömung ist wichtig, um dem Filter verschmutztes Wasser zuzuführen und verhindert, besonders in heißen Sommern, eine zu starke Temperaturschichtung im Teich. Die ständige Bewegung des Wassers ist nicht zuletzt auch darum wichtig, weil der Gasaustausch, die »Atmung« des Wassers, ausschließlich über die Wasseroberfläche erfolgt. Wasser kann Sauerstoff nur über seine Oberfläche aufnehmen: Sofern das Wasser durch Lufteintrag umgewälzt wird (Air-Lift-Prinzip mit Mammutpumpen) oder durch Pumpen an der Luft versprüht wird, trägt der Filter zur **Sauerstoffanreicherung** bei, was für die Fischgesundheit und die Futterverwertung sowie für sämtliche Lebensvorgänge im Teich vorteilhaft ist.

Und schon ist wieder ein Kompromiss nötig: Koi sind nämlich als typische Bewohner relativ ruhiger Gewässer an ausgeprägte Strömung nicht sonderlich gut angepasst. Sie, als Teich- und Tierpfleger, müssen demnach einen Mittelweg zwischen dem Grad

> **Filter »impfen«**
>
> Filterbakterien brauchen Zeit, konstante Wasserbedingungen und »Futter«, bis sie den Filter so besiedelt haben, dass er unseren Erwartungen entsprechend funktioniert. Leider kann man die nicht unbegrenzt lebensfähigen, transportempfindlichen und an der trockenen Luft sterbenden Filterbakterien nicht in Dosen verpacken. Aber man kann den Besiedelungsvorgang beschleunigen, indem man mit Filtermaterial aus eingefahrenen Anlagen »impft«. Manchmal erfüllt eine Handvoll ungedüngte Gartenerde den gleichen Zweck.

Strömungstechnik ist eine Wissenschaft für sich.

an Strömung finden, den Wasser und Filter brauchen beziehungsweise den die Koi schadlos ertragen. Bereits bei der Teichplanung empfehlen wir Ihnen deshalb, jemanden hinzuzuziehen, der sich mit Strömungstechnik auskennt und Ihnen ausrechnen kann, an welchen Stellen sich Ab- und Zuläufe befinden sollten (generelle Vorgaben helfen nicht weiter, weil man, um zuverlässig beraten zu können, wissen muss, wie der Teich genau aussehen wird). Der Experte weiss meistens auch, wie sich insbesondere bei tiefen Teichen im Sommer sauerstoffarme Zonen am Boden vermeiden und zusätzliche vertikale Strömungen erzeugen lassen, ohne dass es zu sogenannten »Totzonen« kommt, in denen sich Schmutz ansammelt.

Wo Sie diesen Berater finden? Sicher nicht in der Fontänenabteilung irgendeines Heimwerkermarktes. Aber nahezu alle empfehlenswerten Koihändler (etwas weiter hinten sagen wir Ihnen, woran man sie erkennt), die »Hot-Lines« einiger Anbieter von Teichzubehör und die Mitglieder der Koivereine helfen in der Regel gern.

Welcher Filter für welchen Teich?

Gleichzeitig mit der Teichplanung sollte die ausreichende Dimensionierung des Filters beachtet werden. Je nachdem, wie viele Fische man pflegen möchte und wie groß oder klein der Teich werden soll, kommen verschiedene Filtertypen in Frage. Und es lohnt sich, bereits im Vorfeld zu klären, wieviel Arbeit einem der Filter abnehmen soll. Ist man nämlich bereit und in der Lage, regelmäßig und in kurzen Abständen (ideal ist wöchentlich, das Minimum ein 14tägiger Rhythmus) einen deutlichen Wasserwechsel vorzunehmen, genügt ein leistungsfähiger mechanischer

Genau so muß ein Koi nach landläufiger Meinung aussehen: auf der weißen Grundfarbe befinden sich kirschrote, flächige Muster, die wenigstens die Hälfte, höchstens jedoch zwei Drittel des Fischkörpers bedecken.

Sind diese Voraussetzungen gegeben und beide Farben ohne Makel, dann ist der Koi ein **Kohaku**.

Der gute alte fraktionierte Filter, in dessen ersten, rückspülbaren Kammern grober Schmutz abgefangen wird, damit er das Bakterienleben in den folgenden Segmenten nicht beeinträchtigt, ist die beste und effektivste Methode der Teichfilterung.

So ist es richtig: Der Bodenablauf – mehrere sind besser – liegt an der tiefsten Stelle des Teiches.

Filter, der alle zwei oder drei Tage gereinigt wird. Diese einfache und arbeitsintensive Lösung wird jedoch nicht die Regel sein.

Bevor Sie sich das Abenteuer Selbstbau antun, informieren Sie sich im Fachhandel, während Koi-Championaten oder auf einer der zahlreichen Heimtiermessen über die verwirrend vielen, durchaus sinnvollen und funktionstüchtigen Angebote professioneller Filterbaukunst. Das Angebot ist reichhaltig (Preisvergleiche lohnen sich unbedingt!) und umfasst verschiedene Bauarten und Systeme mit unterschiedlichstem Wirkungsgrad.

Für nicht allzu große oder für die Koipflege umgestaltete Teiche, bei denen die nachträgliche Installation von Zu- und Abläufen durch die Teichwand nicht möglich ist, genügen die verschiedenen kasten- beziehungsweise fassförmigen **Innen- und Außenfilter**. Allerdings sind sie – auch optisch – keine ideale Lösung und müssen intensiv gewartet werden.

Besser sind **mehrstufige Außenfilter** aus PVC oder GFK, die »untergetaucht« arbeiten. Das heisst, sie werden neben dem Teich so tief im Erdreich versenkt, dass ihr Wasserspiegel auf gleicher Höhe mit dem des Teiches liegt. Dieses System »kommunizierender Röhren« hat sich bis jetzt am besten bewährt und erlaubt den Einsatz stromsparender Pumpen, weil der Rückfluss in den Teich ohne Höhenwiderstand erfolgt. Prinzipiell funktionieren alle diese Filter auf die gleiche Weise, wie sie in der Schemazeichnung dargestellt ist. Unser Beispiel kommt mit grobem Kies verschiedener Körnung aus, weil für die mechanische Vorreinigung Kunststoffmatten und -bürsten vorgesehen sind, die groben Schmutz sehr gut zurückhalten. Je öfter diese Vorfiltermedien – mit kaltem, nie mit

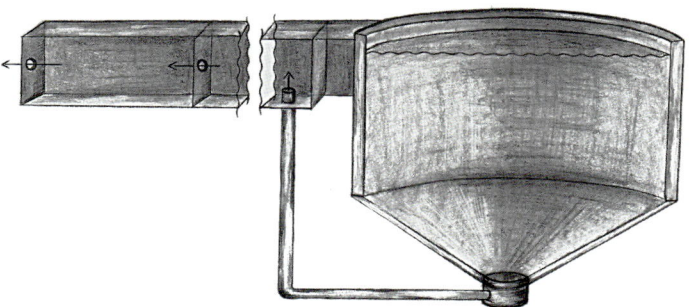

heißem Wasser oder gar einem Reinigungsmittel – gespült werden, desto effektiver ist die Filterung insgesamt.

Lassen sie sich auf jeden Fall einen sogenannten »**Vortex**« zeigen. Dabei handelt es sich um eine große trichterfömige Vorfilterkammer. Bevor das Teichwasser den mechanischen Filter erreicht, wird im »Vortex« mittels Zentrifugalkräften und Sedimentation bereits ein erheblicher Teil größerer Verunreinigungen zurückgehalten, was den eigentlichen Filter sehr entlastet und seine Reinigungsintervalle verlängert.

Eine großzügige Dimensionierung der Filteranlage ist umso wichtiger, je mehr Fische gepflegt werden. Als Maß für die Filterleistung kann gelten, dass der gesamte Wasserinhalt des Teiches in eineinhalb bis zwei Stunden einmal umgewälzt wird. Dabei muss der mechanische Vorfilter die Belastung der biologisch-chemischen Filterstufen mit Schwebstoffen und Partikeln so weit wie möglich verhindern. Der biologisch-chemische Filterteil kann seine Hauptfunktion, die Nitrifikation, nämlich nur dann erfüllen, wenn im Wasser genügend Sauerstoff gelöst ist (mindestens 5 mg O_2/l), der Filter gleichmäßig durchströmt wird (keine »Totzonen«, in denen sich Schmutz und Schlämme sammeln), der Filter rund um die Uhr arbeitet und der pH-Wert immer zwischen pH 6 und höchstens pH 8 liegt.

Einen Teil des bereits gefilterten Wassers an den Wurzeln von Gräsern und Lippenblütlern entlang in den Teich zurückfließen zu lassen, komplettiert die Filterkette.

Auf die Wartung kommt es an

Selten oder schlecht gereinigte mechanische Filtermedien können schnell zu gefährlichen Schlammfallen werden, die den in der biologisch-chemischen Filterstufe dringend nötigen Sauerstoff verbrauchen und so dessen Wirkung einschränken oder völlig lahmlegen. Die dann entstehenden Giftstoffe sind für die Filterbakterien und auch für die Fische lebensgefährlich.

In einem gut funktionierenden Filter sammelt sich ein hellbrauner bis rötlicher Schlamm an, der nach Erde riecht und über eine flockige Struktur verfügt. Man sollte sich angewöhnen, in Abhängigkeit von der täglichen Futtermenge den mechanischen Filterteil regelmäßig zu reinigen. Verstopfungen müssen verhindert werden.

Früher nannte man biologisch-chemische Filter treffend »Langsamfilter«. Und tatsächlich arbeiten auch die Bakterien im Koifilter dann am besten, wenn das Wasser nicht sturzbachartig an ihnen vorbeiströmt. Bastler können den Wirkungsgrad der biologisch-chemischen Filterstufen deutlich verbessern, wenn es ihnen gelingt, im Anschluß an den mechanischen Filter bereits einen Teil des Wassers wieder in den Teich zurückzuleiten.

Eine weitere Möglichkeit, den biologisch-chemischen Filtereffekt zu optimieren, besteht darin, den Teich mit einer bepflanzten Sumpfzone zu verbinden oder einen Teil des bereits filtrierten Wassers über ebenfalls bepflanzte Filterbecken in den Teich zurückzuleiten. Beide Verfahren erhöhen nicht nur die Reinigungswirkung, sondern tragen gleichzeitig zu einem zusätzlichen Sauerstoffeintrag in das Wasser bei.

Vor rund zwanzig Jahren installierte die amerikanische Raumfahrtbehörde NASA im kalifornischen Baton Rouge ähnlich einfache Filterbecken hinter kommunale Kläranlagen. Sie gewann dafür zahlreiche Umweltpreise, weil die verwendeten Gräser dem Wasser sogar giftige Schwermetalle entzogen und in ihren Halmen »deponierten«, die zur endgültigen Entsorgung regelmäßig gemäht und verbrannt wurden.

Blick auf einen Außenfilter der »Ogata-Koifarm« in Fukuoka – mit rund 60000 Jungfischen pro Jahr ein Kleinunternehmen der japanischen Karpfenindustrie.

Natürlich gibt es nicht nur einen einzigen **Kohaku**, sondern wenigstens ein gutes Dutzend, das über so wohlklingende Namen wie **Inazuma-Kohaku**, **Gotenzakura-Kohaku** oder **Maruten-Kohaku** verfügt. Ihnen allen ist eine besser groß- als kleinflächige Kopfzeichnung zu Eigen. »**Kohakus**« mit weißen Köpfen gibt es nicht.

Kushibeni-Kohaku verfügen über sämtliche Eigenschaften aller dieser Kohakus und zusätzlich über einen mehr oder weniger großen Lippenfleck (= Kuchibeni). Auch alle anderen Koi-Formen mit dieser besonderen Zeichnung tragen den gleichen Zusatznamen.

Pflanzen im Koiteich?

Bei ausreichender Fütterung der Koi ist eine **Teichbepflanzung in Kübeln** möglich und sinnvoll. Verwenden Sie nur stabile und rasch wachsende Arten. Seerosen müssen, bis sie sich etabliert haben, vor den Koi mit zinkfreiem Drahtgeflecht oder einem Netz geschützt werden. Teichrosen (*Nuphar lutea*) blühen wunderschön gelb, bilden ein dichtes grünes Blätterdach und werden von Fischen wegen ihres bitteren Geschacks nicht »belästigt«.

Welche Filtermedien sind geeignet?

Für die mechanische Reinigung reicht das Standardangebot des Handels von (preiswerter) Perlonwatte über zylindrische Bürsten bis zu (teuren) meist blauen Schaumstoffmatten, die an überdimensionale Schwämme erinnern. Alle diese Materialien sind lange haltbar und lassen sich gut ausspülen.

Besonders praktisch ist der Schaumstoff, weil man ihn in nahezu jede beliebige Form zurechtschneiden und damit jeder Filtergröße und -form anpassen kann. Die höchste Qualität nennt sich »Japanmatte« und besteht aus stabilem Polyethylen (PE). Wegen ihrer Geflechtstruktur verfügen diese »Japanmatten« über eine besonders große Oberfläche, die nur bei sehr nachlässiger Filterpflege verstopft.

Zur biologisch-chemischen Filterung können Sie handelsüblichen Filter- und Wandkies aus dem Baustoffhandel verwenden,

Bei kleinen Becken oder für die Koipflege umgestalteten Naturteichen sind Außenfilter wie diese das praktische Mittel der Wahl.

Gut wachsende Pflanzen, wie diese Teichrosen (*Nuphar lutea*), entziehen dem Wasser verhältnismäßig große Mengen Nitrat.

Tonröhrchen, »Bio-Bälle«, »Bio-Igel« oder ein anderes der zahlreichen angebotenen Medien mit größtmöglicher Oberfläche, auf der sich die wichtigen Nitrifikationsbakterien ansiedeln können. Bei der Filterbeschickung ist eine lockere Schichtung wichtig, damit sich keine vom Wasser schlecht durchströmten, faulenden Bereiche bilden können. Ob der Einsatz besonders strukturierter Filterkörper aus Keramik oder Glas (»Nitratfilter«) nötig ist, hängt in erster Linie davon ab, wie nitratbelastet das Ausgangs-/Leitungswasser bereits ist. Ab 30 mg/l Nitratgehalt lohnt sich die Anschaffung immer.

Elektrosicherheit

Pumpen und andere elektrisch betriebene Geräte benötigen Strom. Wer nicht selbst von Beruf Elektriker ist, sollte ausschließlich für die Verwendung im Freien zugelassene Leitungen, Steckdosen, FI-Schalter und zusätzliche Sicherungen von Fachleuten installieren lassen, die genau wissen, was sie tun und welche Vorsichtsmaßnahmen zu beachten sind.

Vorsicht Technik!

Wer tagaus tagein viel zu viel Zeit im Berufsverkehrstau zubringt, braucht an seinem Auto keinen schnittigen Heckspoiler, sondern eine gute Motorkühlung und einen großen Tank. Prinzipiell verhält es sich auch mit Teichtechnik so: Nahezu alles, was der Handel an Zubehör anbietet, ist irgendwie sinnvoll – aber nicht in jedem Fall zweckmäßig.

Eine zuverlässige **Umwälzpumpe** für den Filter brauchen sie immer. Sicherer sind zwei identische Geräte, damit Sie für den Fall eines Pumpendefektes keine Zeit verlieren. Oft werden auch zwei schwächere Pumpen parallel betrieben. Keine Frage, welcher Pumpentyp in Frage kommt: getaucht arbeitende, selbstkühlende Kreiselpumpen. Beachten Sie vor dem Kauf, dass jede noch so geringe Steigung, jedes Rohr, die Rohrlänge und vor allem Düsen die Herstellerangaben über die Förderleistung verringern.

Thermometer. Schon um ständig eine relative Vorstellung über den Sauerstoffgehalt im Teichwasser zu haben, brauchen Sie ein Thermometer. Die preiswerten, schwimmfähigen und nicht ganz exakten Alkoholthermometer (+/– 1 bis 3 °C sollte man kalkulieren) für die Aquaristik reichen völlig aus. Ein guter Meßort ist die erste Filterkammer.

Luftpumpen und Ausströmer. Gerade in der warmen Jahreszeit kann es erforderlich sein, das Wasser im Filter (zwischen mechanischer und biologisch-chemischer Stufe) zu belüften. Für diesen Zweck genügen die in der Aquaristik gebräuchlichen Membranpumpen völlig; es muss kein Kolbenkompressor oder Verdichter sein. Aber nicht alle Fabrikate sind freilandtauglich (Elektrosicherheit!), und sie sollten auch nicht die für Aquarien üblichen grünen Schläuche verwenden, die in der Sonne hart und porös werden.

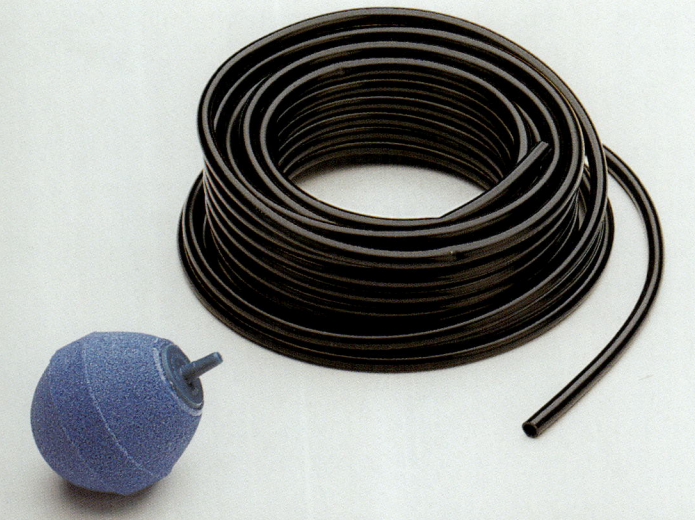

Freilandtaugliche Luftschläuche, Rückschlagventile und Ausströmer gibt es als Set im Zoofachhandel.

Immer wieder **Kohaku**, der überall beliebte »Allerwelts-Koi«.

Greifen Sie statt dessen zu den speziell für den Teich entwickelten schwarzen Luftschläuchen und zu den meist runden, stabilen Ausströmern. Nicht vergessen: Ein Sicherheitsventil, das den Wassereinlauf in die Pumpe verhindert, ist eine sinnvolle Investition.

Oberflächenablauf. Der Begriff »Skimmer« stammt aus dem Englischen und bedeutet ursprünglich »Schaumlöffel« – wohl aus diesem Grund heißen fast alle käuflichen Oberflächenabläufe für Teiche so. Ein Oberflächenablauf ist eine feine und nützliche Sache, denn Staub, Pollen, Luftverunreinigungen, Blätter und vieles mehr bilden auf der Teichoberfläche einen störenden »Fettfilm«. Nachträglich macht der Einbau wenig Sinn, weil die Geschichte dann nur in den seltensten Fällen wirklich funktioniert. Planen Sie deshalb bereits beim Teichbau wenigstens einen Oberflächenablauf in die Vorfilterkammer beziehungsweise in den »Vortex« ein. Ein großer Rohrdurchmesser ist zweckmäßig.

Vergessen Sie bei der Teichplanung den Oberflächenablauf nicht.

Heizung ja oder nein? Wenn für Farbkarpfen aus dem Koi-Mutterland Japan mit dem Qualitätsfaktor »frostsicher« geworben wird, warum sollte man hierzulande Teiche für diese Fische beheizen – wenn man sie nicht gerade auf der Zugspitze angelegt hat? Teichheizungen sind trotzdem verbreitet und dem Erfindungsreichtum keine Grenzen gesetzt. Solarzellenbetriebene Anlagen sind keine Seltenheit, und viele Teiche werden über die Zentral-

Die richtige Masche

Ein Teichkescher mit ausreichend langem (Teleskop-)Stiel, in dem auch ihr größter Koi bequem Platz findet, gehört zur Grundausstattung. Um Schuppenverletzungen vorzubeugen, sind relativ enge Maschen und knotenfreies Netzmaterial wichtig.

Koi hebt man mit dem Netz niemals aus dem Wasser, sondern zieht sie damit in eine im Wasser schwimmende Kunststoffwanne. Die Alternative ist ein sogenannter »Schlauchkescher«, mit dem ein Koi auch aus dem Wasser genommen werden kann.

heizung erwärmt. Sinnvoll ist eine Heizung, um bei geschlossener Eisdecke auf dem Teich den reibungslosen Filterdurchlauf zu gewährleisten. Dafür reichen Stabheizer aus dem Zoogeschäft. Eine ganzjährige oder mehrmonatige Heizung des Teichwasser hüllt Ihren Garten womöglich in Dauernebel und ist unnötig, denn Koi sind sehr wohl auf den jahreszeitlichen Klimawechsel eingestellt.

Ob rund oder eckig, ist egal – weich und knotenfrei muss ein Koi-Kescher sein.

»**Algenkiller**«. Die Kaffeesatzdeuter und Kartenleger unter den Koiteichbesitzern mögen sich über kupferhaltige »Algenmagnete« freuen – wir Erwachsenen dürfen skeptisch sein. Wo Schwebealgen, insbesondere im Frühjahr, nach großen Wasserwechseln oder in der Folge von Filterausfällen zu sogenanntem »grünen Wasser« führen, hilft aber zuverlässig ultraviolettes Licht. Ultraviolettes Licht schädigt sowohl Algen, Bakterien als auch Viren und tötet sie weitgehend ab.

Entsprechende Geräte bestehen sinnvollerweise aus einer dem Teichvolumen angepassten UV-Lampe (Richtwert: ein Watt Leistung pro 1000 Liter Wasser), die in einem lichtun-

Gesundes Wasser ist die Grundvoraussetzung für gesunde Fische.

durchlässigen Gehäuse mit Zu- und Ablauf installiert ist. Der Betrieb funktioniert über die Umwälzpumpe des Filters. Manchmal wird der vorbeugende Dauereinsatz empfohlen, während wir raten, UV-Licht nur bei wirklichem Bedarf einzusetzen.

Reinfilter. Zwischen mechanischer und biologisch-chemischer Filterung, manchmal auch im Anschluss an die letzte Filterstufe, wird recht häufig ein sogenannter Reinfilter eingesetzt. Dabei handelt es sich meist um kugelförmige, mit feinstem Sand gefüllte Druckbehälter, wie sie zu jedem Swimmingpool gehören. Dieser Filtertyp schadet nicht, verstopft leicht und ist, eine gut gewartete Filteranlage vorausgesetzt, eigentlich Luxus.

Aktivkohle ist kein Wundermittel, gezielt eingesetzt jedoch ein hilfreiches Filtermedium.

Aktivkohlefilter. Ob Aktivkohle die hohen Erwartungen alle erfüllt, die man mit ihrem Einsatz als Filtermedium in Verbindung bringt, ist zuallererst eine Frage der Qualität und des Preises. Aktivkohle kann, je nach Herstellungsverfahren, über eine Oberfläche von bis zu einer halben Million Quadratmeter pro Liter verfügen. Für uns ist die höchste Qualität zur effektiven Entfernung von Trüb- und Schadstoffen interessant. Minderwertige Aktivkohle ist in der Aquarienliteratur mehrfach als Verursacher von Schwermetall-, Nitritvergiftungen und markanten pH-Wert-Schwankungen erkannt worden. Ausschließlich organische Stoffe und Verbindungen entzieht Aktivkohle dem Wasser nicht che-

Leitungswasser muss für die Fischpflege immer öfter aufbereitet werden.

misch, sondern durch elektrostatische Bindung an ihre riesige Oberfläche. Demzufolge ist ihre Kapazität endlich; häufig schneller als man glaubt. Aktivkohle sollte also nur bei wirklichem Bedarf (»Algenblüte«, nach Medikamenteneinsatz usw.) und zwar im Anschluss an die biologisch-chemische Filterung (und nach dem UV-Licht) eingesetzt werden.

Aktivkohle ist darüber hinaus nach einem Filterausfall hilfreich und bei der Entgiftung von Regen-, Brunnen- und Leitungswässern nützlich. Entgegen einem weit verbreiteten Irrtum eignet sie sich zur Nitratentfernung jedoch nicht.

Entsalzungsfilter und Umkehrosmose. Wer in Regionen lebt, in denen Trinkwasser aus Grundwasser gewonnen wird, obwohl intensive Landwirtschaft betrieben wird, oder die Wasserwerke sogenannte Uferfiltrate von Flüssen verwenden, die große Abwasserlasten zu tragen haben, wird Leitungswasser nur aufbereitet für den Teich verwenden können. Seit vielen Jahren bewähren sich zur Entfernung schädlicher oder unerwünschter Härtebildner **Entsalzungsfilter.** Das Prinzip ist einfach und beruht darauf, dass Minerale, die im Wasser als negativ (Anion) oder positiv (Kation) geladene Teilchen (Ionen) vorliegen, von Kunstharzen angezogen und gegen die beiden Wasserbestandteile Wasserstoff (H^+) und Sauerstoff (O^-) ausgetauscht werden. Bei dem klassischen Verfahren findet der Anionen- beziehungsweise Kationenaustausch in zwei getrennten, hintereinandergeschalteten Druckbehältern

Beobachten Sie Ihre Koi sehr genau – auffällige Verhaltensänderungen können Hinweise auf umgünstige Wasserverhältnisse sein.

»Matsuba«, das japanische Wort für Pinienzapfen, bezieht sich auf die durch Grund- und Schuppensaumfärbung entstandene Netzzeichnung.

Umkehrosmose und Entsalzungsfilter bringen auch Nachteile mit sich.

statt. Beim moderneren **Mischbettverfahren** genügt ein einzelner Behälter. Beide Verfahren führen zu einem sehr reinen, praktisch mineralfreien, für Fische und Pflanzen tödlichen Wasser. Erst nachdem es mit normalem (Leitungs-)Wasser vermischt wurde, eignet es sich für Aquarien.

Sinnvoll und praktikabler ist zweifellos die handliche Version der großtechnisch schon lange bewährten **Umkehrosmoseanlage**. Bei diesem Verfahren wird Leitungswasser mit dem ihm eigenen Druck an einer mit zahllosen winzigen Poren versehenen Kunststoffmembran vorbeigeleitet, die praktisch nur Wasser passieren lässt und von allen größeren Molekülen nicht durchdrungen werden kann. Während Entsalzungsfilter dem Wasser nur geladene Teilchen »entnehmen«, hält die semipermeable Membran der Umkehrosmoseanlage auch Pflanzenschutzmittel und andere fischgiftige Substanzen zurück, die immer häufiger und in immer größerer Konzentration Beigaben des Trinkwassers sind.

Beide Verfahren sind in Gegenden mit besonders stark belastetem und hartem Wasser die Grundvoraussetzung für eine erfolgreiche Teichfischpflege. Allerdings verfügen sie auch über nicht unerhebliche Nachteile. Die Ionenaustauscher in sogenannten Zweisäulenvollentsalzern können, wenn ihre Wirkung nachlässt (was je nach Ausgangswasser schnell erfolgen kann) durch Spülen mit recht hoch konzentrierten Säuren und Laugen regeneriert werden – diese gefährlichen Stoffe muss man im Haushalt lagern, anwenden und irgendwann entsorgen. Mischbettvollentsalzer kann man nicht selbst regenerieren; die vermischten Ionenaustauscher müssen fachgerecht entsorgt und erneuert werden. Bei Umkehrosmoseanlagen fällt entsprechend der Bauart zwischen

> **Wasserauf-
> bereiter**
>
> Handelsübliche »Wasseraufbereiter« sind flüssig und tragen dazu bei, aus Leitungswasser in relativ kurzer Zeit fischtaugliches Wasser zu machen, denn sie binden Chlor, Schwermetalle und einige andere Schadstoffe. Aber: Es gibt keine »Wundermittel«; je weniger die Packungsaufschrift verspricht, desto seriöser ist das Produkt.

etwa 80 und 60 Prozent »Abwasser« an, das man – je nachdem, welche Stoffe darin konzentriert vorliegen – etwa im Garten verwenden kann oder besser in den Abfluss laufen läßt.

Abschäumung. Das auch als »Eiweißabschäumung« oder »Flotation« bekannte Verfahren zur Entfernung eiweißhaltigen oder anderen organischen Schmutzes wurde tierpflegerisch zuerst in der Meerwasseraquaristik eingesetzt. Teichwasser wird durch eine Säule geleitet, in der ständig und mit hohem Druck kleinste Luftbläschen emporsteigen, die entsprechende Bestandteile des Wassers an sich ziehen und in einen Sammler überführen. Lange Zeit wurde bezweifelt, ob die »Eiweißabschäumung« auch im weniger leitfähigen Süßwasser funktioniert. Mittlerweile kann man aber davon ausgehen, dass der gewünschte Reinigungseffekt eintritt. Der richtige Platz für einen Abschäumer befindet sich im Anschluss an die mechanische Filterung.

Tatsächlich: Die Süßwasserabschäumung funktioniert.

Klar, sauber oder rein?

Welche und wieviel Wasserpflegetechnik zweckmäßig und notwendig ist, hängt ausschließlich von Ihnen ab. Je mehr Zurückhaltung Sie sich beim Fischbesatz auferlegen, je mehr Wasser Sie jedem einzelnen Fisch zur Verfügung stellen und je besser der Filter funktioniert, desto weniger zusätzliche Technik ist wirklich nötig. Vergessen Sie in diesem Zusammenhang nicht die Energiekosten. Nicht selten erfüllt der geballte Einsatz möglichst vieler Gerätschaften zuallererst Bedürfnisse des Teichbesitzers; manchmal besteht ihr einziger Nutzen darin.
　Und denken Sie auch an die Fische. Je intensiver Sie das Wasser reinigen, je mehr Sie es »entkeimen«, umso anfälliger machen Sie die Koi für Infektionskrankheiten, denen die Fische in einer trüberen »Brühe«, in der ihre Immunabwehr ständig gefordert ist, locker widerstehen würden.

Koi mit gelber, roter oder weißer Grundfarbe, auf der sich eine ganze Reihe realtiv ungeordneter schwarzer Flecke befinden, heißen **Bekko**. Wie könnte es anders sein: Auch dieser »Formenkreis« ist in viele Einzelbezeichnungen für besondere Farbkombinationen untergliedert.

Exemplare mit weißer Grundfarbe, die dem Bekko-Typ entsprechen, nennt man **Shiro-Bekko**. Ein erfolgreicher japanischer Züchter erzählte uns, dass es sich dabei um die seltenen »Abfallprodukte« der ohnehin wenig ergiebigen **Utsuri**-Zucht handeln soll.

Reiher

Was ist dran, an den vielen Berichten über durch Reiher verletzte Koi?

Koibesitzer haben einen Vogel... – der ihnen bisweilen Alpträume bereitet. Sind Graureiher eine real existierende Bedrohung für wertvolle Koi oder ist mehr Dichtung als Wahrheit an den vielen Stories über »Reiherverbiß«?

Darüber, welche Gefahren für Teichfische und insbesondere für Koi vom Graureiher (*Ardea cinerea*), den Angler und der Volksmund gern »Fischreiher« nennen, ausgehen, gibt es unterschiedliche Auffassungen. Wir wollen nicht verschweigen, dass sich auch die Verfasser dieses Buches nicht ganz darüber einig sind. Die Tierärztin kennt von Reiherschnäbeln in Koi geschlagene Wunden, beide wissen wir von nicht unerheblichen Jungfischverlusten. Seit etwa zehn Jahren kann man eine extreme Reihervermehrung feststellen, in deren Folge sich diese Vögel ständig neue Jagdgründe erschließen müssen, weil natürliche Lebensräume gleichzeitig weniger wurden.

Koi – zutraulich und neugierig, wie es ihrem Wesen nun einmal entspricht – sind Gefahren, die an und über der Wasseroberfläche

---

Kindersicherungen

Über kindersicher verschlossene Medikamentenflaschen schrieb Horst Stern sinngemäß, dass sie hauptsächlich dem Wunsch von Eltern nach Sorglosigkeit dienen. Genauso verhält es sich mit den immer wieder geforderten und mit viel Phantasie vorgeschlagenen Kindersicherungen an Teichen. Koiteiche sind aufgrund ihrer Tiefe für Kinder (und ältere Nichtschwimmer) tatsächlich nicht ungefährlich.

Bitte bedenken Sie vor dem Teichbau, dass die bei fischfreien oder nur mit kleinen Fischarten besetzten Teichen beliebteste Methode, Kinder nach einem Sturz in den Teich vor dem Ertrinken zu schützen – die Verlegung von grobmaschigem Drahtgeflecht dicht unterhalb der Wasseroberfläche – im Koiteich nicht funktioniert. Teichbesitzern mit Kleinkindern bleiben nur zwei Möglichkeiten. Entweder Sie umzäunen den Teich für einige Jahre oder Sie passen auf Ihre Kinder ganz einfach auf.

Auch Katzen und Kinder können den Koi gefährlich werden.

lauern, besonders ausgesetzt: »Angelnde« Katzenpfoten können das sein, mit Spielzeug, Stöcken oder Gartengeräten stochernde Kinder und eben hungrige Graureiher. Mit kleinem bis gewaltigem technischen Aufwand versuchen Koibesitzer, ihre Teiche und Fische vor Reihern zu beschützen. Die Palette des Erfindungsreichtums reicht von der japanischen »Shishi Odoshi« (Wildscheuche), einem Klackgeräusche erzeugenden Wasserspiel aus Bambus, über komplizierte, teilweise stromführende Drahtkonstruktionen sowie Stolperfallen mit Sirenenanschluss bis zu per Lichtschranken gesteuerten Wasserstrahlgeschützen, deren Druck selbst größere Kinder zu Fall bringen kann.

Es geht auch weniger aufwendig. Alle konventionellen Mittel, einen Teich vor den schönen und potentiell gefährdeten Graureihern zu schützen, helfen auch gegen Katzen: Hohe Uferbefestigungen, breite und geschlossen bepflanzte Flachwasserzonen, dichte, teilweise hohe Uferbepflanzungen, ein Teichstandort so nahe es geht beim Haus und die intensive Betreuung der Fische. Orte, an denen sich häufig Menschen auf- und unterhalten, meiden die kulturfolgenden Reiher in der Regel selbst dann, wenn sie ganz besonders hungrig sind.

Graureiher können zwischen Koi und solchen Fischen, die wir ihnen eher gönnen, nicht unterscheiden.

Koi braucht Zeit

Endlich Fische! Aber wo kauft man Koi, und was sollte man dabei beachten? Setzt man sie nach dem Kauf einfach in den Teich? Und woran erkennt man, dass sich die Koi gut einleben, beziehungsweise was sind deutliche Signale für das Gegenteil?

Unter den zahllosen Koischönheiten, die im Handel auf einen Käufer warten, hat man es eigentlich nicht schwer, Koi zu finden, die man kaufen möchte, weil sie einem einfach gefallen. Dennoch sollten ein paar Grundregeln beim Aussuchen von Fischen beachtet werden, damit man nicht hinterher durch eingeschleppte Krankheiten oder gar Verluste teures Lehrgeld bezahlt.

Woran erkennt man gute Koihändler?

Tierhandlungen oder Garten- und Baumärkte, in denen mit dem Beginn der jährlichen Teichsaison eilig Aquarien oder Bassins mit Goldfischen und Koi aufgestellt werden, sind sicher keine sonderlich empfehlenswerte Quelle. Koihändler unseres Vertrauen bieten und hältern Farbkarpfen während des ganzen Jahres in gefilterten und belüfteten Behältern angemessener Größe.

Beobachten Sie die Koi beim Händler lange und gründlich. Sie dürfen ruhig auch kritische Fragen stellen. Ein seriöser Händler nimmt sich die Zeit, mit Ihnen zusammen im Gespräch nach geeigneten Koi zu suchen. Das kann er jedoch nur, wenn Sie auch bereit sind, Ihren Teich, die bereits vorhandene Koimenge und ihr Filterungskonzept darzulegen. Wenn Sie den Eindruck haben, dass Sie nicht beraten, sondern

Ob Koi- oder Speisekarpfenzucht: Am Jahresende werden die Streckteiche abgefischt.

Bis zur Verkaufsgröße werden junge Koi wöchentlich von Expertenhand selektiert – mit ein Grund für den hohen Preis für Koi aus gutem Hause.

nur zum Kauf gedrängt werden sollen, gehen sie schnell woanders hin.

Wichtig ist auch der Eindruck, den die Verkaufshälterung macht. Riecht es muffig, fischig oder gar nach totem Fisch? Schäumt das Wasser und ist es trübe? Haben Sie den Eindruck, dass die Koi matt und ohne Lebensfreude im Becken »herumhängen«? Oder kommen die Fische auf den Verkäufer zu, fressen sie und sehen sie gut genährt und nicht abgemagert aus? Atmen sie ruhig und regelmäßig, und sind alle Flossen gespreizt? Ist die Haut klar und weist sie auch keine Beulen oder Geschwüre auf? Durch die Schuppen dürfen keine dunklen oder (blut-)rötlichen Stellen hindurchschimmern (lassen Sie sich auch die Bauchseiten der Fische zeigen). Sehen sie kleine entzündete Stellen, an denen Schuppen fehlen, abstehen oder beschädigt sind? Alle diese Informationen helfen dabei, gesunde, gut gehälterte, an unsere Wasserverhältnisse angepasste und möglichst stressfrei gehaltene Fische zu kaufen.

Der Händler hat natürlich nur beschränkt Platz, und natürlich sollen die Koi bei ihm nicht stark wachsen. Die Aufgabe des Händlers ist es, die Koi bei all den Zwängen, denen er hinsichtlich der Besatzdichten und zum Beispiel der Wasser- und Energiekosten ins Auge sehen muss, gut zu hältern, gesund und mit einem

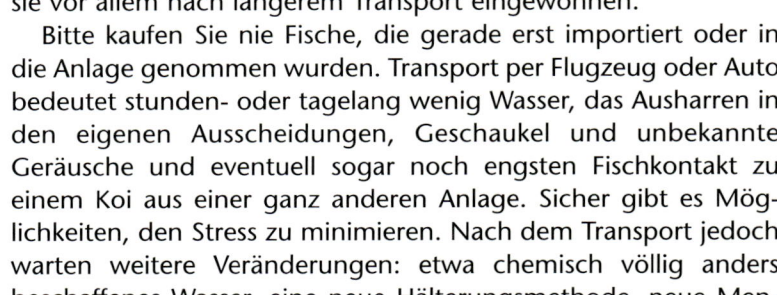

Quarantäne muss sein. Kaufen Sie niemals frisch importierte Koi.

Da fällt die Auswahl schwer. Welcher dieser Jungfische ist vielversprechend und welcher nicht?

geeigneten Erhaltungsfutter bei Konditon zu halten. Und er muss sie vor allem nach längerem Transport eingewöhnen.

Bitte kaufen Sie nie Fische, die gerade erst importiert oder in die Anlage genommen wurden. Transport per Flugzeug oder Auto bedeutet stunden- oder tagelang wenig Wasser, das Ausharren in den eigenen Ausscheidungen, Geschaukel und unbekannte Geräusche und eventuell sogar noch engsten Fischkontakt zu einem Koi aus einer ganz anderen Anlage. Sicher gibt es Möglichkeiten, den Stress zu minimieren. Nach dem Transport jedoch warten weitere Veränderungen: etwa chemisch völlig anders beschaffenes Wasser, eine neue Hälterungsmethode, neue Menschen und andere Koi. Die Fische brauchen Tage, um sich einzugewöhnen und wieder ein stabiles Immunsystem aufzubauen.

Ein weiterer Besitzerwechsel bedeutet für jeden Koi in dieser Phase vor allem eine Verlängerung der Störungen. Man kann sich ja aus der neuen Lieferung schon mal einen Fisch aussuchen, aber er sollte die Möglichkeit haben, in etwa einen Monat beim Händler Ruhe zu finden und beobachtet zu werden. Dann wird er sich gerne und schnell an die in der Regel weit besseren Teichverhältnisse bei Ihnen zu Hause gewöhnen.

Gute Koihändler erkennt man eigentlich immer an dem Aufwand, den sie in der Verkaufshälterung betreiben, an dem Platz, den sie der »Ware« Koi zur Verfügung stellen und daran, dass Sie der Verkäufer nicht gleich mit dem Netz in der Hand »überfällt«. Oft sind Koihändler deutlich oder ganz auf diese Fische und ihre Pflege spezialisiert, importieren sie selbst oder sind sogar gelernte Fischwirte. Was man dort an teuren, manchmal sehr teuren Koi aus renommierten Zuchten vorfindet, gedeiht in aller Regel besser als Massenware aus »Dampfzuchten«.

Hier ist es an der Zeit, noch einmal über Geld zu sprechen. Bei einem fetten Silvesterkarpfen – im Prinzip nichts anderes als ein unbunter Koi, bei dem es mehr um die »inneren Werte« geht – als Sonderangebot für 20 Mark werden Sie womöglich denken: »Vorsicht, überlagert, Kühltruhe ausgefallen, Lebensmittelvergiftung, Finger weg!«. Ähnliche Warnsignale sollten Sie aufschrecken, wenn der edle Streichelfisch für Ihren Teich einen Dumpingpreis kosten soll.

Aus wievielen dieser jungen **Platinum-Ogon** werden Exemplare, die den Standard ihrer »Rasse« erfüllen?

Zwischen 50 und 100 Mark sollten sie pro Fisch wenigstens kalkulieren. Die besonders preisgünstigen Koi werden zwar auch überwiegend in Japan »gezeugt«, jedoch schon als winzige Fischbrut nach Thailand oder Indonesien verkauft, wo man sie unter tropischen Bedingungen in Windeseile auf fingerlange Verkaufsgröße »streckt«. Hierzulande erfrieren diese Fische praktisch ab bereits 18 °C Wassertemperatur und sind nicht selten durch massive Antibiotikagaben geschwächt.

Nehmen Sie keine Fische unter 15 Zentimeter Gesamtlänge (mehr ist in diesem Ausnahmefall noch besser). In dieser Größe kann der Gesundheitszustand des Fisches besser beurteilt werden und – wichtiger – die Koi hatten bereits einen Winter hinter sich.

Zeit nehmen sollten Sie sich auch beim Einsetzen in das Becken oder den Teich. Vergessen Sie nicht, dass Ihr Wasser eine andere Temperatur und einen anderen pH-Wert hat, also insgesamt über andere Wasserverhältnisse verfügt, als das Wasser im Verkaufsbehälter. Der von ihrem Händler einzeln (!) sachgerecht mit Sauerstoff verpackte Koi im Transportbeutel (in der Regel aus Plastik) sollte zur Angleichung der Wassertemperaturen langsam an die neuen Wasserverhältnisse gewöhnt werden. Legen Sie den Beutel zum Temperaturausgleich einige Zeit auf die Oberfläche des Teiches und lassen sie langsam Teichwasser hineinlaufen.

Kloster-Koi

Karpfenzucht in Mitteleuropa ist ohne Klöster nicht denkbar. Um stets auf ihre bevorzugte Fastenspeise zugreifen zu können, entwickelten Mönche bereits im beginnenden 13. Jahrhundert die Grundlagen jener Zucht- und Aufzuchtkonzepte, die wir heute Teichwirtschaft nennen. Im Mittelalter suchten Orden die Plätze für Klostergründungen sogar (mit) danach aus, ob sie sich für Teichanlagen eignen, und praktisch alle Zuchtformen des Karpfen sind in Klöstern entstanden. Im protestantischen Schweden gibt es nur eine Handvoll Mönche und ein einziges recht junges Kloster, in dem natürlich Karpfen gezüchtet werden – Helmut Pinter berichtet, warum sich die Patres für Koi entschieden haben:

Klimatische Hindernisse sind es gewiß nicht, die der Koizucht in Mitteleuropa im Wege stehen. Selbst im deutlich kälteren Norden, in Schweden, gelingt die Koivermehrung mit guten Resultaten. Dass dort überhaupt mit der Koizucht begonnen wurde, ist die Folge eines generellen Einfuhrverbotes für Karpfen. Da aber vor Inkrafttreten dieser Verordnung bereits einige Koi ins Land gekommen waren, die Nachfrage groß und die zu erzielenden Preise hoch waren, funktionierte die Marktwirtschaft, und es wurden Koi gezüchtet.

Schwedens bisher erfolgreichste Koizucht wird an einem Kloster in Östanbäck in der Provinz Uppland betrieben. Weil der prozentuelle Anteil der Katholiken in Schweden niedrig ist, existiert im ganzen Land nur dieses eine Kloster, in dem sehr wenige Mönche leben. Sie gehören keinem Orden an, müssen sich selbst versorgen und haben eine erstaunliche Geschicklichkeit entwickelt, sich sogenannte »Marktlücken« zu erschließen. Das besagte Kloster ist einer der größten Produzenten von Bienenhonig in Uppland. Man züchtet traditionelle Küchenkräuter und Heilpflanzen, betreibt eine Werkstatt zur Herstellung von Altar- und Schmuckkerzen, und Bruder Mikael züchtet Goldfische und Farbkarpfen.

Im Keller, wo in Abteien gewöhnlich die Weinfässer lagern, stehen im Kloster Östanbäck die Behälter für die Elternfische der Koi-

Ein Mönchskloster im protestantischen Schweden, in dem Koi gezüchtet werden? Das gibt es doch gar nicht.

Koizüchter Mikael (rechts) beim Gespräch mit Koifreunden an einem Streckteich des Klosters Östanbäck.

Salinenkrebschen und Wasserflöhe gibt es zuerst.

zucht. Sie bestehen aus einer Grundkonstruktion aus Holz und Profileisen, die auf der Innenseite mit Plastikfolie ausgekleidet sind.

Die Zucht erfolgt konventionell, das heißt ohne künstliche Befruchtung. Als Laichsubstrat wird den Fischen unter anderem auch Widdertonmoos (*Polytrichum commune*) angeboten. Salinenkrebsnauplien dienen der Anfütterung; später erhalten die Jungfische Wasserflöhe. Fertige Futterpräparate gibt es nur für die schon größeren Koi.

Auf dem Klostergelände befinden sich einige Streckteiche, in denen die jungen Koi genauso heranwachsen, wie anderswo Speisekarpfen. Die Mönche haben 10 bis 15 Zentimeter über der Wasseroberfläche der Streckteiche parallel verlaufende Drähte gespannt, um die Koi vor Angriffen der von der nahen Ostsee einfallenden Möwen und Kormorane zu schützen.

Zwar ist die Einfuhr von Karpfen nach Schweden unter Strafe verboten, nicht jedoch deren Export. Weil die Zucht floriert und der Binnenmarkt bald gesättigt sein wird, kann es sein, dass es sich bei den Koi, die Sie demnächst wo auch immer angeboten bekommen, um Bruder Mikaels Kloster-Koi aus Schweden handelt. Abgehärtet durch die klimatischen Bedingungen im Norden Europas, sollten sie für die ganzjährige Freilandhaltung bestens geeignet sein.

Was mögen Koi zum Fressen gern?

Zur Beantwortung dieser Frage lohnt sich ein Blick in den trüben Naturteich, wo sich die Naturnahrung für Koi in ihrer ganzen Vielfalt findet.

In saisonaler Abhängigkeit finden die Fische dort im Frühjahr zunächst nur Bodennahrung, also Zuckmückenlarven, Röhrenwürmer, Schlamm- und Pflanzenreste mit den darin enthaltenen Bakterien und Einzellern.

Wenn sich das Wasser erwärmt und nährstoffreich ist, folgt die Phase der Eintrübung durch Phytoplankton (Kleinstlebewesen pflanzlicher Herkunft) und bald darauf das erste Zooplankton (Schwebeorganismen, wie zum Beispiel Hüpferlinge oder Wasserflöhe, deren Dauereier seit dem Herbst auf diese Gelegenheit zum Schlupf gewartet haben). Dies ist eine beliebte Frühjahrsnahrung für die hungrigen Koi. Steigt die Sonneneinstrahlung gegen Juni an, verringert sich die Zahl der Schwebeorganismen, und es vermehrt sich das Wachstum der Wasserpflanzen. Deren Blätter und Stengel sind geeignete Oberflächen für die Vermehrung der Borsten- und Strudelwürmer, der Zuckmücken- und Eintagsfliegenlarven. Ab Juli, wenn die Unterwasserpflanzen zerfallen, finden Zuckmückenlarven hier ihre Nahrung. Sie sind dann auch eine fette Beute für Koi oder Karpfen. In dieser Jahreszeit findet das Längenwachstum der Fische statt.

Ab August, wenn die Bodentiere aufgezehrt sind und infolge großer Hitze im Teich – besonders in den Schlammzonen – Sauerstoffmangel und Fäulnisprozesse herrschen, gehen die Bestände dieser wichtigen Nährtiere und damit auch die Nahrungsaufnahme der Fische zurück.

Ab etwa September ist der Tisch dann noch einmal für einen von der Temperatur abhängigen kurzen Zeitraum reich mit Röhrenwürmern und Zuckmückenlarven gedeckt – beide sind die Grundlage für den Fettaufbau im Fischkörper, der helfen wird, den kalten Winter bei uns zu überleben.

Bis weit in den Herbst hinein kann man Wasserflöhe in sauberen Tümpeln selbst fangen.

Zuckmückenlarven – im Handel gefroren oder lebend als »Rote Mückenlarven« erhältlich – unterstützen den Fettaufbau.

Daraus kann man was lernen

Aus dem natürlichen Nahrungsspektrum der Karpfen können wir einige wesentliche Punkte für die Koi-Futterauswahl herausnehmen: Koi sind keine Pflanzenfresser. Eigentlich leben sie ganzjährig zu einem wesentlichen Teil von tierischem Eiweiß und tierischem Fett. Daher bestehen hochwertige Koi-Futtermittel zu einem hohen Prozentsatz aus Fischeiweiß und Fischölen, die jedoch auf dem Weltmarkt immer teurer werden.

Koi können auch Kohlenhydrate verdauen. Kohlenhydrathaltige Nahrungsmittel sind beispielsweise Mais, Weizen, Soja und andere Getreidearten sowie deren Produkte. Wichtig ist, dass diese Komponenten allein zu schwerwiegender Fehlernährung und zu Stoffwechselstörungen führen. Koi verwandeln Kohlehydrate zwar auch in Energie, die in Form von Körperfett gespeichert werden kann; diese Fette sind jedoch anders zusammensetzt als Körperfett, das aus tierischen Fetten oder Ölen aufgebaut wurde. Anders ausgedrückt kann man sagen, dass die Fische zwar mit Getreidefütterung auch fett werden, dass sie aber im Frühjahr, wenn diese Reserven gebraucht werden, nur mit hohem Energieaufwand an sie herankommen, also in guten Ernährungszustand verhungern können.

Ein hochwertiges Koifutter ist natürlich so zusammengesetzt, dass es Mangel oder Stoffwechselstörungen ausschließt. Dennoch ist es richtig, im Herbst Futtermittel einzusetzen, die viel Fischöl enthalten, also in ihrer Zusammensetzung den sehr fetthaltigen Röhrenwürmern und Zuckmückenlarven ähneln. Fischöl ist zum Beispiel Lebertran, der, wenn er nicht bereits im Futter enthalten ist, auch in der Apotheke gekauft werden kann. Man kann damit eine Wochenration etwas auffetten, eventuell auch noch Vitamine hinzusetzen (geeignete Vitamine sind A, D, E und vor allem auch C). Das Futter muss dann aber kühl und dunkel gelagert werden, damit der Lebertran nicht ranzig wird. So hilft man, die Koi für den Winter in eine gute Kondition zu bringen und hat im Frühjahr, wenn alle anderen Umweltbedingungen auch stimmen, kaum Probleme mit den gefürchteten Frühjahrserkrankungen.

Bachflohkrebse haben, vornehmlich in getrocknetem Zustand, eine lange Tradition als Teichfischfutter.

Selbst die winzigen Hüpferlinge werden von Koi gern gefressen.

> **Keine Experimente!**
>
> Qualitätsfutter ist in dichten Behältern vor Feuchtigkeit und Sonnenlicht geschützt. Lassen Sie »Sonderangebote« in transparenten Plastiksäcken stehen und kaufen Sie nicht auf Vorrat ein: Die Haltbarkeit von Fischfutter ist endlich!
> Die Tagesration verteilt man am besten auf mehrere kleine Portionen (so viele wie möglich) – das bekommt den Koi besser und fördert ihre Vertrautheit im Umgang mit »ihrem« Menschen.

Abwechslungsreiche Ernährung ist auch für Koi wichtig.

Will man für etwas Abwechslung sorgen, ist jeder Wurm und jeder Bachflohkrebs ein willkommener Leckerbissen. Auch mit Shrimps kann man Koi erfreuen oder mit getrockneten Seidenraupenpuppen. Der Handel hält noch eine weitere Palette an geeigneten »Leckerbissen« bereit. Doch es ist Vorsicht geboten, da diese »Leckerbissen« viel Eiweiß enthalten und bei hohen pH-Werten (über pH 8,0) die gefürchtete Kiemennekrose verursachen können. Beifutter dieser Art sollte nur in kleinen Mengen gegeben werden. Ein Koiteich ist ja schließlich keine Fischmastanlage.

Alle pflanzlichen Nahrungsmittel – gebrühter Salat, Spinat oder etwa angekochte Zucchini – können eine Ergänzung darstellen, sind jedoch nicht bei allen Koi beliebt. Das sollte man einfach einmal ausprobieren. Halbierte Orangen (ungespritzt oder wenigstens mit heißem Wasser abgebürstet) werden von den meisten Koi gerne ausgelutscht und sind zugleich ein schöner Zeitvertreib für die Fische. Im Herbst und Frühjahr helfen sie, die Vitamin-C-Versorgung zu optimieren.

Futtermenge und Wassertemperatur

Für jede Jahreszeit gelten andere Fütterungsregeln.

Die Verdauung ist im kalten Wasser noch nicht sehr effizient, so dass die Fütterung an die vom Herbst bis in das Frühjahr herrschenden Temperaturen angepaßt werden sollte, und zwar sowohl hinsichtlich der verdaubaren Futtermenge als auch hinsichtlich der Verdaubarkeit an sich.

Hochverdauliche Futtersorten mit leicht mobilisierbaren Energieträgern zur richtigen Tageszeit und bei langsamer Steigerung der Menge gereicht, eignen sich zum Anfüttern im Frühjahr. Misst man hierbei täglich die Wasserwerte, kann man verhindern, dass die ebenfalls aus dem Winter »aufwachenden« Bakterienkulturen überlastet werden und kollabieren. Hinsichtlich der Futtermenge

Schwarz-weiß-rote Koi können besonders attraktiv wirken, bleiben auch im beheizten Teich jedoch meistens deutlich kleiner als fast alle anderen Farbvarianten. Gerade bei diesen Fischen muss man sehr lange mit ständigen Veränderungen der Farbanteile und Musterungen rechnen.

Unser **Showa** ist auf weißer Grundfarbe überwiegend schwarz, aber auf seinem Kopf überwiegt das Rot. Vorbildlich ist der schwarze Brustflossenansatz. Je nachdem, wie sich die drei Farben auf dem Fischkörper verteilen, tragen die Fische spezielle Bezeichnungen. Der auf dem Einband abgebildete Koi ist zum Beispiel ein **Tancho-Showa**.

Ein »Sandkasten« für Koi

Der Aquarianer Helmut Stallknecht hatte Kotproben und Darmausstriche von Karpfenfischen (Barben) gleichzeitig mit Mulmproben aus den Aquarien, in denen diese Fische gepflegt wurden, mikrobiologisch untersuchen lassen: »Stets stimmte die Darmflora der Ausstriche fast völlig mit den Bodengrundbakterien überein!«. Das kann kein Zufall sein. Die Vorstellung, dass Karpfen vom Gewässerboden Bakterien aufnehmen, die sie zum Aufschluss und zur Verdauung ihrer Nahrung brauchen, ist naheliegend und erscheint schon darum schlüssig, weil aus dem Tierreich viele entsprechende Beispiele, etwa von Insekten und Wasserschildkröten, bekannt sind. Es ist nicht auszuschließen, dass in Teichen ohne Bodengrund gepflegte Koi in ihren Stoffwechselfunktionen beeinträchtigt werden, was zu Mangelerscheinungen und ernsthaften Erkrankungen führen kann.

Die bodengrundfreie Haltung ist jedoch weit verbreitet, aus Gründen der Hygiene zudem ratsam und bei den praktischen Filtersystemen mit Bodenabläufen eigentlich unvermeidbar. Zuvor gut gewaschener, weicher runder Kies (Körnung drei bis sechs Millimeter), als dünne Lage in hohen Kunststoffwannen auf dem Teichboden plaziert, ist ein ausreichender Bodengrundersatz, den Koi gerne nutzen. Solche »Sandkästen« fördern nicht nur die Fischgesundheit, sie ermöglichen den Koi darüber hinaus, einem Karpfengrundbedürfnis nachzukommen, der Beschäftigung durch Gründeln.

muss man also nicht nur auf die Fischmenge, -verdauung und die Wassertemperaturen, sondern auch auf die Arbeitskraft des Filterbewuchses achten. Grundsätzlich gilt, dass ein Prozent der im Teich schwimmenden Fischmenge pro Tag (in Kilo oder Gramm) – bei optimaler Verdauungstemperatur zwischen 23 und 25 °C – die Futtermenge darstellt, die zur Deckung des Erhaltungsbedarfs gebraucht wird. Jede Futtermenge darüber wird in Wachstum umgesetzt. Ist das Wasser kälter, reicht weniger Futter aus, da die Fische dann auch weniger zur Aufrechterhaltung ihres Stoffwechsels verbrauchen.

Hieraus ergibt sich die zwingende Notwendigkeit der regelmäßigen Wasserwertemessung; besonders für denjenigen, der seine Anlage, seine Fische und seine Haltungsform noch austesten muss. Für alle anderen ist die häufige Übersicht der Wasserwerte eine wertvolle Hilfe bei der Optimierung der eigenen Koihaltung.

Was einen **Kohaku** ausmacht, hatten wir schon auf Seite 45: Auf blütenweißer Grundfarbe trägt dieser Koi ein variables purpurrotes Muster. Besteht dieses Muster ausschließlich aus einem kreisrunden Fleck auf dem Koikopf, haben wir es mit einem japanischen »Nationalheiligtum« zu tun, mit einem **Tancho-Kohaku**.

Diese Fische versinnbildlichen die aufgehende Sonne der japanischen Flagge, sollen vor allem aber an die Färbung eines dem Aussterben gefährlich nahen Vogels, des Mandschurenkranichs (*Grus japonensis*), erinnern. Exzellente **Tacho-Kohaku** werden normalerweise nicht ins Ausland verkauft.

Was denn, nichts über Koizucht?

Ein delikates Kapitel, das sich Romantiker und diejenigen Leser ersparen sollten, die in der Koizucht eine Wissenschaft vermuten. Und wir nehmen Ihnen die Illusion, als Koizüchter reich werden zu können.

Eine Zeit augenfälliger Verhaltensänderungen ist das Frühjahr. Steigen die Temperaturen im Teich am Tag langsam an, kann jeder, der seinen Koi eine Flachwasserzone gönnt, feststellen, dass die Koi nicht nur »sonnen«, sondern anfangen, sich gegenseitig in die Flachwasserzonen zu treiben. Sind die auch noch bepflanzt, bohren sich die Fische regelrecht in den Pflanzenbestand hinein, wobei sie sich in den Bauch stoßen und am Boden entlangstreifen. Die Laichzeit beginnt.

Ab dem Winter, wenn die Tage langsam länger werden, steigt die Hormonproduktion in der Hirnanhangsdrüse kontinuierlich an. Diese Hormone stimulieren die Eibildung in den Eierstöcken (Fischeier nennt man auch Rogen) oder den Hoden (nach ihrem Inhalt auch als Milch bezeichnet). Der körperliche Energieaufwand, der in die Anbildung der Geschlechtsdrüsen gesteckt wird, sollte nicht unterschätzt werden.

Das Frühjahr ist für Koi, die in ungeheizten Teichen überwintern, ohnehin sehr schwierig. Die tags und nachts stark schwankenden Wassertemperaturen, eine noch nicht effizient arbeitende Filterbiologie, die über die Winterzeit aufgezehrten Fettreserven und häufig eine Fehlernährung im Herbst führen schnell zur Stoffwechselerschöpfung und zu Krankheitsfällen. Hinzu kommt die eiweißzehrende Ei-/Spermabildung. Die Koi sind also sehr stark belastet.

Auch in Teichen ohne Flachzonen beginnt dann bei den ersten Sonnenstrahlen das »Treiben«, das Nachschwimmen von einem oder mehreren Männchen hinter den Weibchen. Nun kann man am Verhalten und der Körperform am sichersten männliche und weibliche Koi unterscheiden. Meist sind die Männchen schlanker, »torpedoförmiger«, und sie sind hinter den Weibchen her. Die Weibchen entwickeln durch die Laichbildung einen starken

---

Die Fortpflanzungszeit kostet Koi sehr viel Energie.

Im Frühjahr sind die Koi besonders krankheitsanfällig.

Während der Laichzeit sollte man die Wasserqualität regelmäßig überprüfen!

Bauch, den die Männchen immer wieder anstoßen, und sie versuchen, durch Abstreifbewegungen am Boden oder an Pflanzen den Laich loszuwerden.

Kommt es zum Ablaichen, dann werden pro Kilogramm Weibchen etwa 200000 Eier frei. Hinzu kommt durch die Eiweißbelastung ein Ammoniakschub, der möglichst bald durch einen Wasserwechsel kompensiert werden muss, damit das Wasser nicht »umkippt«.

Aus den 200000 Eiern, die an Wasserpflanzen festkleben, werden natürlich nicht ebensoviele Koi. Die meisten fressen die Eltern selbst, und viele Tiere überleben die Zeit vom Schlupf bis zum Jungfisch nicht, weil sie von ihren Abwehrkräften oder ihrer genetischen Veranlagung her nicht überlebensfähig sind. In der Natur dienen die Jungfische auch als Nahrung für andere Fische, fischfressende Vögel, Insektenlaven oder ihre Eltern.

Meistens »treiben« mehrere Männchen eines der prall mit Laich gefüllten Weibchen.

Erstnahrung für die Jungfische ist als Naturfutter in den meisten Teichen vorhanden oder kann im Zoohandel als »Staubfutter« gekauft werden. Und manchmal schafft dann doch einer der farbigen Nachkommen zu überleben. Dann hat man die Möglichkeit zu beobachten, wie aus einem schön gefärbten Jungkoi im Laufe seines Heranwachsens ein völlig anders aussehender und leider häufig auch gar nicht mehr schöner großer Fisch wird. In den ersten Lebensjahren verändern sich die Muster noch sehr stark, und die Farbqualität nimmt bei den »Eurokoi« meist stark ab. Nun erst ahnt man die komplizierten Vorgänge und zahllosen Sortiervorgänge, die uns der Züchter in Japan oder Israel abnimmt.

Was tun bei »Laichverhärtung«?

Zum Ablaichen benötigen Koi Temperaturen von etwa 25 °C. Derartige Wassertemperaturen werden in steilen tiefen Koiteichen ohne Heizung oft gar nicht erreicht. Trotzdem lohnt es sich, beim Neubau eines Teiches Flachwasserzonen ohne scharfe Kanten und am besten mit Pflanzenwuchs einzuplanen. Als Alternative zu Pflanzen kann man auch »Laichschnur« verwenden, das sind flaschenbürstenartig konstruierte, meterlange Schnüre, die den klebrigen Koilaich ähnlich gut aufnehmen wie die dekorativeren Wasserpflanzen.

Was passiert nun aber mit dem Laich, wenn die Koi nicht ablaichen? Die Antwort klingt einfach: Koiweibchen können den gebildeten Laich resorbieren (auflösen). Das hat jedoch erhebliche Folgen für den Fisch: Die Umkehrung des aufwendigen Prozesses verbraucht viel Energie, und im Laufe der Jahre bleiben verhärtete Zonen in den Eierstöcken übrig, in denen »nichts« mehr passiert, die aber Platz im Bauchraum brauchen und im Extremfall als »Laichverhärtung« den Koi umbringen können.

Daher sollte für die Fischgesundheit wenigstens alle paar Jahre, notfalls mit einem warmen Planschbecken und einer Hormonspritze (nur durch den Fachmann!) eine Abgabe der Geschlechtsprodukte (auch bei Männchen) provoziert werden.

Es gibt keine bezüglich des Zeichnungsmusters reinerbigen Koi und darum auch keine »Rassen«!

Genug Romantik! So werden Koi gemacht:

Kein Koi im Handel ist Ergebnis freier Partnerwahl und plätschernder Exstase in einem Uferpflanzenbett. Koi entstehen auf genau die gleiche Art wie Speisekarpfen: versierte Fischwirte streifen Weibchen und Männchen ab, verrühren deren Geschlechtsprodukte, erbrüten die Larven in gut durchlüfteten Glaszylindern und »strecken« und mästen die Jungfische in großen Teichen bis zur jeweils gewünschten Verkaufsgröße. Und sie wissen niemals, was für Koi-»Rassen« sie auf diese Weise herstellen.

Im Gegensatz zu den Verhältnissen bei hochgezüchteten Wellensittichen, Katzen, Hunden und anderen Haustieren gibt es keine reinerbigen Koi und darum auch keine richtigen Rassen. Mendel hin und her oder was immer Ihnen ein vermeintlicher Experte weismachen will – wie die Nachkommen zweier hochprämierter Sieger aller Koiklassen aussehen werden, steht in den Sternen.

Bevor die Fische nicht wenigstens 30 Zentimeter Gesamtlänge erreicht haben, sind ihre Zeichnungsmuster und Farben noch erstaunlich wandelbar. Wenn ein berühmter Züchter in, sagen wir Osaka, trotzdem alle Jahre wieder Tausende von Taisho-Sanke auf den Markt bringt, so heisst das lediglich, dass er zuvor die wenigstens 90fache Zahl Nicht-Taisho-Sanke selektiert und vernichtet hat.

In diesem Ausleseverfahren liegt das ganze Geheimnis erfolgreicher Koizucht. Wer in japanischen Zuchtbetrieben über Leben und Tod der heranwachsenden Koi entscheidet, ist in der Regel Experte für das Erkennen möglicher Farb- und Musterentwicklungen. Im ersten Jahr – jüngere Exemplare geben seriöse japanische Züchter nicht ab – werden die Fische oft wöchentlich Stück für Stück in Handarbeit kontrolliert. Nicht zuletzt dieser enorme Aufwand erklärt den hohen Preis japanischer Qualitätskoi.

An wieviele seiner zahllosen Nachkommen dieser **Kohaku** seine Farbkombinationen vererben wird, steht in den Sternen.

Jetzt wissen Sie, warum wir auf ein richtiges Zuchtkapitel ebenso verzichten haben wie auf eines über die vielen »Rassen«, in die die Koi, mit exotisch klingenden Namen versehen, eingeordnet werden. Aber auf dem Dutzend über dieses Buch verteilten Farbzeichnungen von Sonja Schadwinkel zeigen wir Ihnen die bekanntesten und beliebtesten Koi-Standards. Erst als erwachsene Fische zeigen Koi alles das, was dem jeweiligen Ideal entspricht oder verschieden nahe kommt. Koi brauchen eben Zeit und Geduld.

Gemeinsam sind wir stark

Nicht alles Wissenswerte über Koi finden Sie in Büchern, und selbst der allerbeste Koihändler hat nicht auf alle Fragen eine befriedigende Antwort parat. Möglicherweise fehlt darüber hinaus in Ihrem Freundes- und Bekanntenkreis das für Gespräche über Ihre Lieblinge nötige Interesse? Dann raten wir Ihnen, die Gemeinschaft gleichgesinnter Koifreunde zu suchen.

Wo? Im Anhang nennen wir Ihnen die Adressen von Vereinen und Verbänden, bei denen Sie jederzeit freundlich aufgenommen werden. Dort stehen Ihnen bereits erfahrene Koi-Pfleger – die Probleme, von denen Sie noch nicht einmal etwas ahnen, schon hinter sich haben – mit Rat und Tat hilfreich zur Seite.

Koigesundheit

In der Welt unter Wasser sieht vieles anders aus als an Land. Zum Verständnis der Entstehung von Fischkrankheiten sollte man sich einige wichtige Unterschiede von Land- und Wassertieren vor Augen halten.

Die Fischkiemen als Atmungsorgan – und außerdem Ausscheidungsorgan von Stickstoffverbindungen wie Ammoniak – befinden sich in direktem Kontakt zur Fischumwelt, dem Wasser. Ihr einziger Schutz ist eine Lage von für Abwehrfunktionen zuständigen Zellen, von denen ein Teil auch Schleim produziert. Gleich unter dieser Zelllage finden sich die feinen Blutgefäße, die den Sauerstoff aufnehmen und Schadstoffe abgeben sollen. Man denke im Gegensatz hierzu an den Weg der Luft in unsere Lungen und die vielen »Filter«, die hier vorgeschaltet sind und uns vor manchem schützen.

Achten Sie auf jede noch so belanglos erscheinende Veränderung an Ihren Koi.

Werden die Kiemen durch schlechte Wasserverhältnisse gereizt oder durch Krankheitserreger entzündet, versuchen sie sich mittels Schleimbildung gegen das Eindringen von Erregern zu schützen. Dadurch wird der Weg des Sauerstoffs in die Kiemen hinein länger, und die Atmung ist im Extremfall stark behindert. Das führt zu Sauerstoffmangel in den Organen und zu Folgeschäden, vor allem in der Niere, die dann eine höhere Belastung durch Ausscheidungsprodukte bewältigen muss und die Blutflüssigkeitskonzentration nicht mehr regulieren kann. Im Gewebe der relativ schwach durchbluteten Flossenränder zeigt sich Sauerstoffmangel in Gestalt von abgestorbenen Rändern am schnellsten.

Auch die Schleimhaut der Fische ist dem Außenmilieu unmittelbar preisgegeben. Wird diese Schutzschicht verletzt oder durch Krankheitserreger zerstört, ist der Weg in den Fischkörper praktisch freigegeben. Häufig ist an der Stelle der Verwundung ein rotes Geschwür oder eine wattebauschähnliche »Verpilzung« zu sehen. Wenn der Fisch jetzt nur noch über geringe Abwehrkräfte verfügt, können sich bakterielle Infektionen bis in den Körper hinein ausbreiten und schnell eine bakterielle Allgemeininfektion herbeiführen.

Gesunde Koi sind lebhaft, zutraulich und wirken immer etwas pummelig.

Die Wasserqualität hat entscheidenden Einfluss auf das Immunsystem.

Wichtig: Die Abwehrkräfte des Fisches

Kaufen Sie nur gesunde und gut konditionierte Fischen in zunächst kleinerer Zahl bei laufender Überwachung der Wasserwerte und abwechslungsreicher Fütterung in einer Jahreszeit, die stabile Wassertemperaturen gewährleistet (in Deutschland etwa von Mai bis September; Alternative ist der in der kalten Jahreszeit geheizte Teich).

Beobachten Sie Ihre Koi gründlich. Zu den wichtigsten vorbeugenden Maßnahmen gehört es, die normalen Verhaltensweisen der Fische zu kennen. Widmen Sie Ihren Tieren Zeit, dann wird Ihnen auch ein ungewöhnliches und möglicherweise krankheitsbedingtes Verhalten schnell auffallen.

Nach Verletzungen oder Infektionskrankheiten mobilisieren zuvor gesunde Koi enorme Erholungs- und Regenerationskräfte – ein Ausgleich für die unmittelbare Wechselwirkung von Außenmilieu (Wasser) und Körper. Die Abwehrkräfte und die Kondition der Fische sind jedoch in hohem Maße von der Umwelt abhängig. Je besser die Wasserqualität (besonders der Sauerstoffgehalt, der pH-Wert, die Ammonium- und Nitritwerte) und die Wassertemperatur (die Erregerabwehr funktioniert zwischen 23 und 26 °C am besten), desto besser die Heilungschancen. Und umgekehrt: Je schlechter die Wasserqualität und je niedriger die Temperaturen, umso wahrscheinlicher werden Krankheiten infolge einer Schwächung des Immunsystems.

Krank durch Stress

Bis auf ganz wenige echte Krankheitserreger sind bei Koi ab dem zweiten Lebenssommer eigentlich kaum noch bedeutende „Krankmacher" zu finden. Selbstverständlich gilt dies nur, wenn die Umwelt optimal ist, keine massiven Stresssituationen auftreten und der Koi selbst in guter Kondition ist. Er hat in seinem ersten Sommer Bekanntschaft mit den Bakterien, Parasiten und anderen

Kondition und Konstitution

Das ist der Grund dafür, dass einzelne Koi erkranken können, der übrige Bestand aber gesund bleibt: Die jeweilige Situation der körpereigenen Abwehrkräfte kann ganz unterschiedlich sein, und natürlich kann jeder einzelne Fisch von seiner Umwelt auch verschieden stark gestresst sein.

Fischkrankheiten beugt man mit der Schaffung einer möglichst optimalen Umwelt und einer konsequenten Teichhygiene vor. Teichhygiene soll dazu dienen, die zwangsläufige Anreicherung und übermäßige Vermehrung von Krankheitserregern zu verhindern. Eine naheliegende Vorbeugungsmaßnahme ist das Ablassen des Teiches im Herbst, verbunden mit einer Grundreinigung des Teichbodens (die Koi müssen dann in eine Innen- oder Übergangshälterung). Der biologisch-chemische Filterbereich darf jedoch niemals vollständig gereinigt werden. Es kann auch erforderlich sein, Parasiten gezielt mit Bädern zu bekämpfen – dem Gleichgewicht in Filter und Teich zuliebe aber erst nach einer korrekten Diagnose, denn fast alle in Frage kommenden Arzneimittel sind starke Gifte.

Zur Hygiene gehört auch, neue Fische in Quarantänebecken zu behandeln und zu beobachten. Das gilt besonders, wenn man zusätzlich einheimische Fischarten aus dem Handel oder aus freien Gewässern im Koiteich haben will. Koi aus Japan, Südostasien oder Israel kennen einige unserer heimischen Parasiten und Krankheitserreger nicht und können daher an ganz banalen Erregern schwer erkranken. Schließlich und endlich gehört auch die richtige Besatzdichte zur Teichhygiene: Der Fischbesatz muss zur Filterleistung, zum Wasservolumen und der für eine gute Ernährung erforderlichen Futtermenge passen. Es ist eigentlich logisch, dass hohe Besatzdichten schon durch den häufigen Fischkontakt die Ausbreitung von Krankheitserregern begünstigen. Von den Auswirkungen des hiermit verbundenen Sozialstresses ganz zu schweigen.

Jetzt ist es zu spät: Ein rechtzeitig hinzugezogener Fachtierarzt hätte diese Kiemennekrose aufhalten und therapieren können.

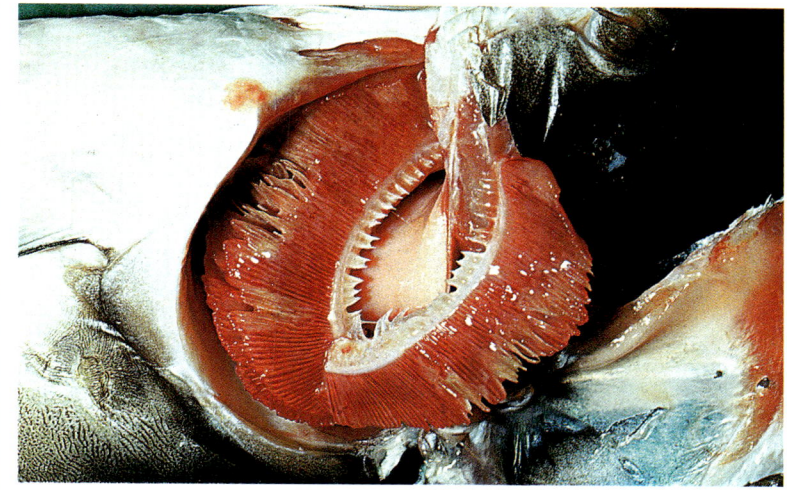

Der Ursprung der meisten Krankheiten liegt in der Einwirkung von Stress auf den Fisch.

Krankheitserregern im Teich gemacht und ist gegen sie ähnlich unempfindlich wie Menschen gegen Masern oder Röteln, wenn sie diese Infektionen bereits einmal hatten.

Weshalb gibt es dann immer wieder kranke Fische im Teich? Die Antwort hat mit Stress und der individuell verschiedenen Kondition der Fische zu tun. Es gibt »guten« Stress, der hilft, Gefahrensituationen zu meistern und schnell auf Umweltveränderungen zu reagieren. Dauert diese Situation jedoch übermäßig lange an, ist irgendwann alle Energie verbraucht, der Körper gerät in einen Erschöpfungszustand, der auch zum Tod führen kann. Es gibt folglich auch extrem negativen Stress. Hieraus kann man schließen, dass etwas Forderung dem Organismus nicht schadet und zur Folge bewältigter Stresssituationen auch Lernprozesse gehören, dass jedoch unbedingt Erholungsphasen zwischen extremeren Anforderungen liegen müssen. In der Dauerstresssituation erschöpfen sich nämlich insbesondere die Widerstandskräfte gegen Krankheitserreger. Zu den stärksten Stressoren zählen Transport, schneller Wechsel in andere Wasserqualitäten und -temperaturen, Sauerstoffmangel und Vermehrung.

Welche Erreger muss man kennen?

Grundsätzlich teilen wir Krankheitsgründe in »belebte« (Bakterien, »Pilze«, Parasiten) und in »nicht belebte« Ursachen (Sauerstoffmangel, Vergiftungen, Verletzungen usw.) ein. Auch Viren rechnen wir der Einfachheit halber zu den »belebten« Organismen.

> **Sind Koi gesellschaftsfähig?**
>
> Die Vergesellschaftung von Koi mit anderen Fischen – auch mit Koi anderer Herkunft – birgt immer die Gefahr von Infektionserkrankungen. Das Risiko steigt mit dem Grad der Fischverwandtschaft (auch Goldfische, Goldorfen und Bitterlinge sind Karpfenfische). Wer auf Nummer Sicher gehen will, pflegt im Koiteich – nomen est omen – ausschließlich Koi!

Um bei Krankheiten eine geeignete Therapie auswählen zu können, muss man – neben einer Analyse der krankheitsauslösenden Umweltfaktoren und Erreger – auch etwas über die Besonderheiten der verschiedenen Erreger wissen. Verabschieden sollte man sich von der Vorstellung, dass es ein »Allheilmittel« gegen sämtliche Erkrankungen gibt. Genau das ist zwar die Werbebotschaft mancher »Mittel« aus dem Zoohandel – bei echten Krankheitsproblemen führen Behandlungen mit solchen Präparaten jedoch kaum einmal zum Erfolg.

»Pilze«

Das, was wir landläufig »Pilze« nennen (tatsächlich handelt es sich wohl um Algen, die zu Parasiten geworden sind), erscheint in Gestalt wattebauschähnlicher Beläge verschiedener Farbe (von weiß bis gelb und graugrün) auf der Koihaut. Sie sind in aller Regel Anzeiger von Hautverletzungen, denn sonst haben sie keine Möglichkeit, auf lebenden Fischen zu wachsen. Hautverletzungen können durch Parasiten, Bakterien oder auch mechanische Einwirkungen entstehen. Die in Frage kommenden »Pilze« bestehen aus langen Fäden, die einzeln nur unter dem Mikroskop sichtbar werden. Sie lieben das leicht saure Wasser mit einem pH–Wert unter pH 6,5. Haben sie erst einmal einen Koi angegriffen, muss man meist mit malachitgrünhaltigen Bädern helfen. Allerdings muss auch die Ursache der Hautverletzung gefunden und beseitigt werden.

Bakterien

Bakterien sind mikroskopisch kleine Krankheitserreger, zu deren Sichtbarmachung und Differenzierung man Spezialfärbungen und etwa 400fache Vergrößerung oder Nährböden für eine gezielten Anzüchtung benötigt.

Bakterien helfen im Filter und Teich bei der Wasserentgiftung, sind also in jedem Teich vorhanden und normalerweise willkommen. Wenn Bakterien zu Krankheiten führen, ist das ein Alarmsig-

Es gibt keine »Allheilmittel«. Basta!

Zwar trägt der **Tancho-Sanke** das gleiche Kranichsymbol auf seinem Kopf wie der **Tancho-Kohaku**; wegen seiner Dreifarbigkeit ist dieser Fisch jedoch weniger »wertvoll«, weniger begehrt und darum auch außerhalb Japans realtiv leicht erhältlich.

Genaugenommen handelt es sich bei dem dargestellten Fisch sogar um einen **Tansho-Sanshoku**, weil sich die Rotzeichnung ausschließlich auf dem Kopf befindet. Bei durchschnittlichen **Tansho-Sanke** dürfen auch kleinere rote Körperflecke vorkommen.

Rechtzeitig erkannt, ist die bakteriell hervorgerufene Flossenfäule leicht zu behandeln.

nal, denn die Abwehrkräfte der Fische sind nicht intakt. Hier spielt der schon erläuterte Stress eine große Rolle. Vor allem fremde Bakterien, die in einen gut laufenden Teich mit neuen Fischen eingebracht werden, können, bis sich alle Koi mit den »Fremdlingen« auseinandergesetzt haben, zu Schwierigkeiten führen. Bei Temperaturen über 20 °C können sich Bakterien extrem schnell vermehren; wir haben es dann mit einem Wettlauf des Immunsystems gegen die Bakterien zu tun.

Gegen Bakterien werden häufig Antibiotika eingesetzt, insbesondere dann, wenn bakterielle Geschwüre (die sogenannte »Lochkrankheit«) auftreten. **Hier ist größte Vorsicht geboten**: Bakterienstämme können, wenn die falschen Antibiotika, die falschen Dosierungen, die falsche Zeitdauer oder die falsche Anwendungsart gewählt werden, resistent werden. Das bedeutet, dass einige von ihnen die Behandlung überleben und sich munter weitervermehren können. Tritt dann erneut eine Erkrankung auf, ist das früher eingesetzte Mittel wirkungslos. Pfusch mit Antibiotika (hier an erster Stelle antibiotische Bäder mit den falschen Wirkstoffen) hat schon vielen Koi das Leben gekostet.

Antibiotika gehören ausschließlich in die Hand des Tierarztes.

Daher müssen bei derartigen Erkrankungen immer spezialisierte Fachleute hinzugezogen werden. Sie werden, falls sie den Bestand nicht schon länger betreuen, mit einem Antibiogramm (eine Laboruntersuchung mittels der man die wirksamen Stoffe erkennen kann) eine gezielte Therapie einleiten. Antibiotika gehören nicht nur aus gesetzlichen Gründen in die Hand des Tierarztes (Apotheker, Humanmediziner oder am Ende mit Antibiotika dealende Zoohändler sind keine Tierärzte!), sondern auch, weil die Verantwortung für die Behandlung im rechtlichen Sinn nur der Tierarzt tragen kann.

Wichtige Alarmsignale

Einer oder mehrere Koi...

...sondern sich ab, liegen am Boden, klemmen die Flossen.
Maßnahme: Kochsalzbad in einer Konzentration von 30 g pro Liter im Behandlungsbecken (das Salz nicht im Wasser auflösen, nur hineingeben) für 15 bis 20 Minuten; das Bad kann täglich wiederholt werden. Tritt innerhalb von drei Tagen keine Besserung ein, den Tierarzt konsultieren.

...kommen nicht ans Futter oder spucken es ständig wieder aus.
Maßnahme: Haut- und Kiemenabstriche untersuchen lassen, Maulhöhle auf Fremdkörper oder Geschwüre untersuchen.

...stehen ständig am Einlauf oder am Wasserfall.
Maßnahme: Kiemen untersuchen lassen. Hinweis auf Sauerstoffmangel, daher auch Wasser untersuchen.

...atmen schwer. Maßnahme: Kiemen untersuchen lassen.

...versuchen über der Wasseroberfläche Luft zu atmen (Notatmung).
Schweres Alarmsignal, da extremer Sauerstoffmangel. Wasser und Kiemen untersuchen lassen, Springbrunnen einschalten und für Frischwasser sorgen.

...scheuern sich und springen ständig aus dem Wasser.
Maßnahme: Haut- und Kiemen untersuchen lassen, Wasser untersuchen.

...stehen ständig am Rand in den wärmsten Zonen und fressen nicht.
Maßnahme: Hinweise auf bakterielle Allgemeininfektionen; Tierarzt konsultieren.

...haben einen trüben, weißlichen Hautüberzug und scheuern sich.
Maßnahme: Hautabstriche untersuchen lassen; handelsübliche Präparate gegen Außenparasiten. Vorsicht bei formalinhaltigen Mitteln!

...zeigen Geschwüre, Beulen, Rötungen der Flossen oder der ganzen Haut (gut bei weißen Fischen zu erkennen).
Maßnahme: Tierarzt konsultieren und Antibiogramm anfertigen lassen. Niemals Antibiotika nach eigenem Gutdünken einsetzen, da Gefahr einer Resistenzbildung droht.

...taumeln oder können das Gleichgewicht nicht halten.
Maßnahme: Hinweis auf Schwimmblaseninfektion. In wärmeres Wasser umsetzen und Tierarzt konsultieren.

Bauchwassersucht ist ein häufiges Krankheitsbild bei Koi.

Keineswegs müssen immer gleich Antibiotika eingesetzt werden. Optimierung der Wasserverhältnisse und Einsatz von milden, relativ ungefährlichen Substanzen, die die Keimzahl im Wasser verringern und so den Infektionsdruck verkleinern, können bei weniger schweren bakteriellen Problemen auch zu guten Erfolgen führen. Die am häufigsten eingesetzten Substanzen sind Kochsalz (im Teich in einer Menge von einem bis fünf Kilogramm Kochsalz pro 1000 Liter Wasser) und sauerstoffabspaltende Desinfektionsmittel, wie zum Beispiel Wasserstoffperoxid (es gibt verschiedene pulverförmige Stoffe, die diese Wirkung entfalten). Die Dosierung sollte der organischen Belastung des Teiches sowie der Wasserhärte und -temperatur entsprechen, allgemeingültige Dosierempfehlungen sind darum nicht möglich.

Wenn Koi aufhören zu fressen, wenn größere Geschwüre oder Bauchwassersucht (»Tannenzapfenkrankheit«) erkennbar werden, muss man schleunigst eine Untersuchung einleiten. Sorgen sie bei Todesfällen für eine schnelle Untersuchung in einem auf Fischkrankheiten spezialisierten Labor. Je schneller Sie handeln, desto größer sind die Aussichten, ihren Fischbestand richtig und rechtzeitig zu behandeln.

Viren
Viren sind noch wesentlich kleinere Erreger als Bakterien und für die Vermehrung auf lebende Zellen angewiesen. Viren verursachen häufiger Hautveränderungen, etwa die unschönen, doch harmlosen Karpfenpocken, mitunter auch Allgemeininfektionen wie die Frühjahrsvirämie, die Koi jedoch nicht häufig befällt. In einheimischen Karpfenbeständen ist sie dagegen nicht so selten – daher die Warnung vor der Vergesellschaftung einheimischer Fische mit Koi. Viruskrankheiten können nicht mit Medikamenten behandelt werden; sinnvoll ist also die Stärkung des Immunsystems, beispielsweise durch warmes Wasser und Vitamingaben.

Parasiten
Parasiten stellen die weitaus meisten Krankheitserreger bei Koi. Trotz der Immunität, die gesunde Koi gegen Parasiten entwickeln,

Es gilt die Regel: Erst nachsehen, was dem Fisch fehlt, und dann behandeln.

ist eine Behandlung unter Umständen angezeigt. Hier gilt insbesondere: Vorsicht vor den Versprechungen, die die Hersteller mancher Präparate geben! Gezielte Behandlungen vermeiden Belastung von Filter, Mensch und Koi.

Das ganze Spektrum von Kiemen- und Hautparasiten kann ohne große Mühe durch Haut- und Kiemenabstriche mit einem geeigneten Mikroskop erkannt werden. Eine Vergrößerungen bis etwa 200fach reicht völlig aus. Einzellige Parasiten, die häufiger als Hauttrüber oder Weißpünktchenkrankheit auffallen, müssen anders bekämpft werden als die höher organisierten Parasiten, wie Haut- und Kiemensaugwürmer oder gar Karpfenläuse oder Ankerwürmer, die beide mit bloßem Auge erkennbar sind. Häufige Parasitenverbreiter sind einheimische Teichfische, Teichpflanzen und Enten.

Geringer Parasitenbefall ist bei älteren Fischen eigentlich normal. Ein starker Befall sollte jedoch behandelt werden. Dann wird auch ein kritischer Blick auf die Besatzdichte und die Wasserqualität nötig. Werden kleinere Koi oder nur Koi japanischer Herkunft krank, muss schnell gehandelt werden, da sie häufig noch keine Abwehrkräfte gegen die im Teich vorhandenen Parasiten oder Bakterien entwickeln konnten.

Praktisch alle Substanzen, die gegen Parasiten wirken, sind auch für Menschen nicht gerade ungiftig und sollten darum mit größter Vorsicht eingesetzt, gehandhabt und sicher gelagert werden. Dies gilt insbesondere für das in vielen entsprechenden Präparaten enthaltene Zellgift Formalin, das beim Menschen Allergien und mehr auslösen kann. Es sollte nur von Fachleuten verwendet werden.

Keine Therapie ohne korrekte Diagnose!

Natürlich existieren viele Erkrankungen mehr als hier angesprochen werden können. Die mittlerweile doch praktisch flächendeckend vorhandenen Spezialisten, die wir im Anhang (ohne Anspruch auf Vollständigkeit) nennen, können Ihnen in jedem Fall zuverlässig helfen.

Grundsätzlich sollte ein Koi, der über mehrere Tage kein Futter annimmt und sich von den anderen Fischen absondert, unbedingt untersucht werden. Dies gilt auch, wenn der ganze Bestand trotz hoher Temperaturen aufhört zu fressen oder wenn Geschwüre auftauchen, die innerhalb kurzer Zeit erscheinen und täglich größer werden.

Wichtige Adressen

Vereine und Verbände

Verband Deutscher Vereine für Aquarien- und Terrarienkunde e. V. (VDA)
Geschäftsstelle: Hans und Ingrid Stiller, Luxemburger Straße 16, 44789 Bochum

Arbeitskreis Koi-Karpfen im VDA-Bezirk 14 (Württemberg)
Geschäftsstelle: Bismarckstraße 24, 72622 Nürtingen

Koi-Liebhaber am Niederrhein 1991 e. V. (KLAN)
Geschäftsstelle: Dr. Dieter Hannen, Kempener Allee 8, 47803 Krefeld

Fischgesundheitsdienste

Landesuntersuchungsamt für das Gesundheits- und Veterinärwesen Sachsen
Jägerstraße 10, 01099 Dresden

Fischgesundheitsdienst am Staatlichen Veterinär- und Lebensmitteluntersuchungsamt
Schlachthofstraße 18, 03044 Cottbus

Institut für Binnenfischerei e. V. Potsdam-Sacrow
Jägerhof am Sacrower See, 14476 Groß-Glienicke

Fischdiagnostik und Beratung
Eldenburg 71/6, 17192 Waren/Müritz

Fisch-Reha-Zentrum Nord, Tierarzt Thomas Mack
Birkenhof 3, 21435 Stelle

Staatlicher Fischseuchenbekämpfungsdienst und Fischgesundheitsdienst
Eintrachtweg 17, 30173 Hannover

Tierärztliche Hochschule Hannover, Fachgebiet Fischkrankheiten.
Bünteweg 17, 30559 Hannover

Fischgesundheitsdienst am Staatlichen M.-, L.- und V.-Untersuchungsamt Mittelhessen
Marburger Straße 54, 35396 Gießen

Fischgesundheitsdienst am Staatlichen Veterinär- und Lebensmitteluntersuchungsamt
Hafersbreiter Weg 132-135, 39576 Stendal

Fischgesundheitsdienst am Landesveterinäruntersuchungsamt Rheinland-Pfalz
Blücherstraße 34, 56073 Koblenz

Fischgesundheitsdienst an der Landesanstalt für Fischerei Nordrhein-Westfalen
Heinsbergerstraße 53, 57399 Kirchhundem-Albaum

VDA-Arbeitskreis Fischkrankheiten, Dieter Untergasser,
Schloßstraße 4, 64720 Michelstadt

Fischcare: Fachinstitut für die Pflege und Haltung von Süßwasserfischen. Dr. med. vet. Sandra Lechleiter, Fachtierarzt für Fische
Forststraße 180, 70193 Stuttgart.

Institut für Zoologie, Fischereibiologie und Fischkrankheiten der Tierärztlichen Fakultät, Ludwig-Maximilians-Universität München
Kaulbachstraße 37, 80539 München

Dr. med. vet. Iris Fuchs, Fachtierarzt für Fische
Schloßstraße 13. 91257 Pegnitz

Fischgesundheitsdienst am Veterinär- und Lebensmitteluntersuchungsamt
Tennstedterstraße, 99947 Bad Langensalza

Tetra-Aquaphon
(01 80) 2 24 18 20

Literatur

Bachmann, H. (1998): Faszinierende Koi, Nishikigoi. Verlag A. C. S., Mörfelden-Walldorf.
Baensch, H., K. Paffrath, L. Seegers (1992): Gartenteich-Atlas. Mergus-Verlag, Melle.
Balon, E. K. (1995): The common carp, Cyprinus carpio; its wild origin, domestication, and selection as colored nishikigoi. Guelph Ichthyol. Rev., 3: 1–52.
Hagen, P. (1995): Teichbau und Teichtechnik (2. Auflage). Verlag Eugen Ulmer, Stuttgart.
Helberg, T. (1995): Wassergärten. Franckh-Kosmos Verlag, Stuttgart.
Hilble, R. (1998): Kois. Gräfe und Unzer, München.
Hilble, R., G. Landfeldt-Feldmann (1988): Kois im Gartenteich. Franckh-Kosmos Verlag, Stuttgart.
Jauch, D. (1988): Goldfische und Kois im Aquarium und Gartenteich. Gräfe und Unzer Verlag, München.
Koi – König der Gartenteiche. Tetra-Verlag, Münster.
Kottelat, M. (1997): European freshwater fishes. Biologia, Bratislava, 52: 56–58.
Lechleiter, S. (1998): Dr. Lechleiters Koi-Kalender. Fischcare, Stuttgart.
Neuschwander, E. (1993): Schöne Schwimmteiche. Verlag Eugen Ulmer, Stuttgart.
Schimana, W. (1993): Wassergärten. Franckh-Kosmos Verlag, Stuttgart.
Seegers, L. (1998): Teiche und Tümpel im Garten (4. Auflage). Verlag Eugen Ulmer, Stuttgart.
Teichfischer, B. (1991): Farbkarpfen (2. Auflage). Urania Verlag, Berlin.
Teichfischer, B. (1996): Koi in den schönsten Wassergärten. Karl-Heinz-Dähne-Verlag, Ettlingen.
Wachter, K. (1993): Der Wassergarten (7. vollständig überarbeitete Auflage). Verlag Eugen Ulmer, Stuttgart.
Zur Hausen, W. (1998): Lebendige Wasser: Wasserläufe und Brunnen. Verlag Eugen Ulmer, Stuttgart.

Zeitschriften

DATZ Aquarien-Terrarien. Verlag Eugen Ulmer, Stuttgart.
Das Aquarium. Birgit Schmettkamp Verlag, Bornheim.
Aquarium heute. Aquadocumenta Verlag, Bielefeld.
Aquaristik aktuell. Dähne-Verlag, Ettlingen.
TI-Magazin. Tetra-Verlag, Münster.
Koi-Magazin. KLAN Selbstverlag, Krefeld.
Koi Kurier. Koi-Kurier-Verlag. Gütersloh.

Bildquellen

Zeichnungen:
Sonja Schadwinkel, Bremen

Fotos:
Thomas Freitag, Dietenheim: S. 7 (entstanden in der Wilhelma)
Rosa-Maria Karnopp, Winnenberg: S. 19
Michael Kokoscha, Oberhausen: S. 1, 2, 18, 24, 25, 38, 65, 66, 76
Sandra Lechleiter, Stuttgart: S. 81, 84, 86
Klaus Paysan, Stuttgart: S. 10, 11, 29, 32, 35, 53, 55, 56, 57, 78, 79 (die Fotos entstanden bei Kölle-Zoo, Stuttgart)
Helmut Pinter, Enköping: S. 67
Gunther Riedl, Neumarkt: S. 17, 48, 62, 63, 64
Rainer Stawikowski, Gelsenkirchen: S. 51
Teichfischer, Bernhard, Weinböhla: Umschlag
Tetra Werke, Dr. rer. nat. Ulrich Baensch GmbH, Melle: S. 50, 52, 54, 77

Register

Abschäumung 58
Abwehrkräfte 79 ff.
Aktivkohle 55
Alarmsignale 85
Algen 54
Algenblüte 39, 56
Alter 14
Ammoniak 31, 32, 36
Ammonium 36, 79
Anpassung 8
Antibiotika 38, 84
Aufzuchtfutter 75
Außenfilter 46
Ausströmer 52

Bakterien 80, 82
Barteln 13
Bauchwassersucht 86
Baustoffe,
ungeeignete 22
Beton 22
biologisch-chemische
Filterung 42 ff.
Bitterlinge 6
Bodengrund 23

Chagoi 14
Charaktere 14
chemische Signale 12
Cyprinidae 5
Cypriniformes 4
Cyprinus carpio 7

Darmflora 72
Diagnose 87
Dimensionen 44
Doitsu-Orange-Ogon 37

Eiweißabbau 39
Eiweißabschäumung 58
Elektrosicherheit 51, 52
Entsalzungsfilter 56 ff.
EPDM-Folien 24
Erinnerungsvermögen 13
Ernährung 68 ff.

Fäulnis 32
Fertigteiche 20
Filter 42 ff.
Filter impfen 44
Filterbakterien 35, 38, 39, 42 ff.
Filterkies 50
Filtermedien 46, 50
Filterwartung 48 ff.
Fischgesundheit 78 ff.
Fischkauf 62 ff.
Flossenfäule 84
Flotation 58
Fortpflanzung 74
Fruchtbarkeitssymbol 2
Futtermenge 69
Futterqualität 69

Gartenkultur 2
Gasbeton 23
Gebühren 16
Gehör 2
gelöste Stoffe 28
Geruchssinn 12
Gesamtammoniumgehalt 34 ff.
Gesamthärte 40
Geschmacksempfinden 13
GFK 20, 23, 24

Giebel 2
Gifte 39
Gin-Matsuba 41
Glasfaserverstärkter
Kunststoff 20, 23, 24
Goldfisch 2

Hana-Shusui 21
Härtebildner 40
Heizung 53
Herkunft der Koi 9
Hi-Asagi 15
Hi-Utsuri 27
Hormone 74
Hydrosil 22

Immunsystem 79
Innenfilter 46

Kaltwasserfische 26
Karbonathärte 40
Karpfen 4
Karpfenfischartige 4
Karpfenfische 5 ff.
Karpfenmaul 8, 9
Karpfenzucht 66
Katzen 60
Kaufberatung 62 ff.
Kescher 54
Kiemenekrose 81
Kies 46
Kigoi 33
Kindersicherungen 60
Kohaku 45
Koiproduktion 76
Koizucht 74
Kommunikation 12

Kondition 80
Konstitution 80
Krankheiten 78 ff.
Krankheitserreger 81
Kushibeni-Kohaku 49

Langsamfilter 48
Lauterzeugung 12
Lebenserwartung 14
Leucaspius delineatus 6
Licht 20
Luftpumpe 52

mechanische Reinigung 42 ff.
Messmethoden 30
Messungen 30
Messwerte 31
Moderlieschen 6

Nahrung 68 ff.
Naturfutter 68
Netze 54
Nitrat 32, 39
Nitratfilter 51
Nitrifikation 32, 47
Nitrit 32, 36, 38, 79
Nuphar lutea 18, 51

Oberflächenablauf 53

Parasiten 80, 86 ff.
Perlonwatte 50
Pflanzen 50
pH-Wert 34, 79
Pilze 82
Platzbedarf 19
Puffer 34
Pumpen 46
PVC-Folien 24

Rasbora micros 6
Rassen 76

räumliche Orientierung 14
Reiher 60
Reinfilter 55
Rhodeus sp. 6

Sandkasten für Koi 72
Sauerstoff 28, 31, 32, 34
Sauerstoffanreicherung 43
Sauerstoffeintrag 48
Schaumstoffmatten 50
Schleierschwanz 2
Schwermetalle 35
Schwimmblase 2
Sedimentation 47
Sehkraft 13
Seitenlinienorgan 14
Selektion 76
Shiro-Bekko 59
Shishi Odoshi 61
Showa 71
Sinnesorgane 13
Skimmer 53
Sozialverhalten 11 ff.
Spiegelkarpfen 4
Stickstoff 35
Stoffwechsel 29, 36, 78
Stress 80
Strömung 44
Styropor 23
Sumpfzone 48

Tancho-Kohaku 73
Tancho-Sanke 83
Technik 52 ff.
Teichbauer 26
Teiche 18 ff.
Teichfolien 23
Teichkalkung 40
Teichrose 18, 51
Teichstandort 22
Teichtiefe 20
Teichwirtschaft 66
Temperatur 26, 31, 79

Therapie 82
Thermometer 52
Ton 22
Tor 6
Totzonen 47
Trinkwasser 39

Ultraviolettes Licht 54
Umgebungstemperatur 29
Umkehrosmose 56 ff.
Umwälzpumpe 52
Umwälzung 43
ungeeignete Baustoffe 22
Unterhaltskosten 16

Vererbung 75 ff.
Vergesellschaftung 11, 82
Verhalten 10 ff.
Vermehrung 74
Viren 86
Vitamine 68
Vortex 47, 53

Wasser 28
Wasserpflege 58
Wasserwechsel 39, 40, 44
Webersche Knöchelchen 2
Wildkarpfen 4, 8 ff.
Wilhelma 2

Yton 23

Impressum

Die deutsche Bibliothek – CIP-Einheitsaufnahme

Steinle, Christian-Peter:
Koi / Christian-Peter Steinle. - Stuttgart (Hohenheim) :
Ulmer, 1999
  ISBN 3-8001-7448-0

Das Werk einschließlich aller seiner Teile ist urheberrechtlich geschützt. Jede Verwertung außerhalb der engen Grenzen den Urheberrechtsgesetzes ist ohne Zustimmung des Verlages unzulässig und strafbar. Das gilt insbesondere für Vervielfältigungen, Übersetzungen, Mikroverfilmungen und die Einspeicherung und Verarbeitung in elektronischen Systemen.

© 1999 Verlag Ulmer GmbH & Co.
Wollgrasweg 41, 70599 Stuttgart (Hohenheim)
Printed in Germany
Lektorat & DTP: Michael Kokoscha
Layout: Steffen Meier
Reproduktion & Belichtung: Typomedia, Ostfildern
Druck: Georg Appl, Wemding

Diese DATZ-Reihe bietet mehr für Einsteiger.

<u>Welse</u>. Claus Schaefer. 96 Seiten, 52 Farbf., 14 Zeichn. ISBN 3-8001-7432-4.
Das Buch stellt die beiden beliebtesten im Handel erhältlichen Welsgruppen vor, die Harnisch- und die Panzerwelse.

<u>Barben und Bärblinge</u>. Christian-Peter Steinle. 96 Seiten, 56 Farbf., 31 Zeichn. ISBN 3-8001-7433-2.
Barben und Bärblinge sind heute aus einem Gesellschaftsaquarium nicht mehr wegzudenken.

<u>Labyrinthfische</u>. Michael Kokoscha. 96 Seiten, 60 Farbf., 11 Zeichn. ISBN 3-8001-7431-6.
Durch die Farbenpracht und das interessante Brutpflegeverhalten begeistern diese Fische viele Aquarianer.

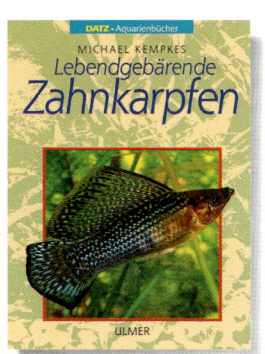

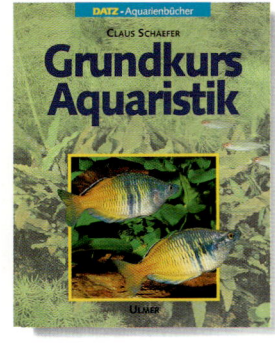

<u>Lebendgebärende Zahnkarpfen.</u> Michael Kempkes. Etwa 96 S., 60 Farbf., 20 Zeichn. ISBN 3-8001-7449-9.
Hier werden wichtige Arten vorgestellt und ihre Pflege und Vermehrung erläutert.

<u>Buntbarsche.</u> Claus Schaefer. 1998. 95 S., 54 Farbf., 15 Zeichn. ISBN 3-8001-7434-0.
Das Buch behandelt Pflege und Zucht, wobei Arten mit gleichen Ansprüchen zusammengefasst sind.

<u>Grundkurs Aquaristik</u>. Claus Schaefer. 1998. 128 Seiten, 115 Farbfotos, 16 Zeichn. ISBN 3-8001-7378-6.
Dieses Buch ist die Grundlage für eine erfolgreiche Aquarienpflege.